21世纪普通高等院校系列规划教材

ERP沙盘模拟训练教程

ERPShapan Moni Xunlian Jiaocheng

（第二版）

主　编　马法尧　黄　雷

副主编　谢合军　王映玥

西南财经大学出版社

中国·成都

图书在版编目(CIP)数据

ERP 沙盘模拟训练教程/马法尧,黄雷主编. —2 版. —成都:西南财经大学出版社,2017.8(2020.7 重印)

ISBN 978-7-5504-3139-3

Ⅰ. ①E… Ⅱ. ①马…②黄… Ⅲ. ①企业管理—计算机管理系统—高等学校—教材 Ⅳ. ①F270. 7

中国版本图书馆 CIP 数据核字(2017)第 173464 号

ERP 沙盘模拟训练教程(第二版)

主　编:马法尧　黄雷

副主编:谢合军　王映玥

责任编辑:高玲

封面设计:杨红鹰　张姗姗

责任印制:朱曼丽

出版发行	西南财经大学出版社(四川省成都市光华村街 55 号)
网　　址	http://www.bookcj.com
电子邮件	bookcj@ foxmail.com
邮政编码	610074
电　　话	028-87353785
照　　排	四川胜翔数码印务设计有限公司
印　　刷	四川五洲彩印有限责任公司
成品尺寸	185mm×260mm
印　　张	15.75
字　　数	325 千字
版　　次	2017 年 8 月第 2 版
印　　次	2020 年 7 月第 2 次印刷
印　　数	2001— 3000 册
书　　号	ISBN 978-7-5504-3139-3
定　　价	32.00 元

总序

　　为推进中国高等教育事业可持续发展，经国务院批准，教育部、财政部启动实施了"高等学校本科教学质量与教学改革工程"（下面简称"本科质量工程"），《国家教育中长期发展规划纲要（2010—2020）》也强调全面实施"高等学校本科教学质量与教学改革工程"的重要性。这是落实"把高等教育的工作重点放在提高质量上"的战略部署，在新时期实施的一项意义重大的本科教学改革举措。"本科质量工程"以提高高等学校本科教学质量为目标，以推进改革和实现优质资源共享为手段，按照"分类指导、鼓励特色、重在改革"的原则，对推进课程建设、优化专业结构、改革培养模式、提高培养质量发挥了重要的作用。为满足本科层次经济类、管理类教学改革与发展的需求，培养具有国际视野、批判精神、创新意识和精湛业务的高素质应用型和复合型人才，迫切需要普通本科院校经管类学院开展深度合作，加强信息交流。在此背景下，我们协调和组织部分高等院校特别是四川高校，通过定期召开普通本科院校经济管理学院院长联席会议，就教育教学改革、人才培养、学科建设、师资建设和社科研究等方面的问题进行了广泛的研讨和合作。

　　为了切实推进"本科质量工程"，2008 年的第一次联席会议将"精品课程、教材建设与资源共享"作为讨论、落实的重点。与会人员对普通本科的教材内容建设问题进行了深入探讨并认为，在高等教育进入到大众化教育的新时期，目前各普通高校使用的教材与其分类人才培养模式脱节，除少数"985 高校"定位培养创新拔尖型和学术型人才外，大多数高校定位于培养复合型和应用型经管人才，而现有的经管类教材存在理论性较深、实践性不强、针对性不够等问题，目前各高校使用的教材存在实用性和实践性不强、针对性不够等问题，需要编写一套高质量、应用型的普通本科教材，以促进人才培养和课程体系的合理构建，推动教学内容和教学方法的改革创新，形成指向明确、定位清晰和特色鲜明的课程体系，奋力推进经济管理类高等教育质量的稳步提高。与会人员一致认为，共同打造符合高教改革潮流、深刻把握普通本科教育内涵特征、满足教学需求的系列规划教材，非常必要。鉴于此，本编委会与西南财经大学出版社合作，组织了三十余所普通本科院校的经济学类、管理学类的学院教师共同编写本系列规划教材。

　　本系列规划教材编写的指导思想是：在适度的基础知识与理论体系覆盖下，针对普通本科院校学生的特点，夯实基础，强化实训。编写时，一是注重教材的科学性和前沿性，二是注重教材的基础性，三是注重教材的实践性，力争使本系列教材做到"教师易教、学生乐学、方便实用"。

本系列规划教材以立体化、系列化和精品化为特色，包括教材、辅导读物、课件、案例分析等系列教学资源；同时，力争做到"基础课横向广覆盖，专业课纵向成系统"；力争把每本教材都打造成精品，让多数教材能成为省级精品课教材、部分教材成为国家级精品课教材。

为了编好本系列教材，在西南财经大学出版社的协调下，经过多次磋商和讨论，成立了首届编委会，首届编委会主任委员由西华大学管理学院院长章道云教授担任。最近由于相关学院院长职务变动，经协商调整了编委会的构成。调整后的编委会由西南财经大学副校长张邦富教授任名誉主任，蒋远胜教授任主任，李成文教授、张华教授、周佩教授、赵鹏程教授、傅江景教授、董洪清教授任副主任，二十余所院校经济管理及相关学院院长或教授任编委会委员。

在编委会的组织、协调下，该系列教材由各院校具有丰富教学经验并有教授或副教授职称的教师担任主编，由各书主编拟订大纲，经编委会审核后再编写。同时，每一种教材均吸收多所院校的教师参加编写，以集众家之长。自2008年启动以来，经过近十年的打造，现在已出版了公共基础、工商管理、财务与会计、旅游管理、电子商务、国际商务、专业实训、金融经济、综合类九大系列近百种教材。该系列教材出版后，社会反响好，师生认可度高。截至2016年年底，已有30多种图书获评四川省"十二五"规划教材，多个品种成为省级精品课程教材，其教材在西南地区甚至全国普通高校的影响力也在不断增强。

在当前经济新常态、全面深化改革和创新驱动发展战略的背景下，"双一流"建设已成为我国高等教育改革与发展的中心议题，各高校围绕对接"双一流"建设，根据国务院印发《统筹推进世界一流大学和一流学科建设总体方案》和《四川省统筹推进一流大学和一流学科建设总体方案（征求意见稿）》，各高校已争相启动了双一流建设行动计划，发挥各个大学、各个学科的自主性，办成有特色的大学和学科。

为适应"双一流"建设的需要，全面提升高校人才培养质量、构建学术人才和应用人才分类、通识教育和专业教育结合的培养制度，满足普通本科院校教师和学生需求，我们正在做两件事：一是结合教学需要对现有教材进行精心打造。具体而言，贯穿厚基础、重双创的理念，突出创新性、应用性、操作性的特色、反映新知识、新技术和新成果的学科前沿；利用数字技术平台，加快数字化教材建设，打造立体化的优质教学资源库，嵌入可资学生自主学习和个性化学习的网络资源模块。二是根据学科发展的需要，不断补充新的教材，特别是规划旅游类、实训类、应用型教材。

我们希望，通过编委会、主编和编写人员及使用教材的师生共同努力，将此系列教材打造成适应新时期普通本科院校需要的高水平高质量教材。在此，我们对各经济管理学院领导的大力支持、各位作者的智力成果以及西南财经大学出版社的辛勤劳动表示衷心的感谢！

21世纪普通高等院校系列规划教材编委会

2017年7月

前言

　　随着我国市场经济的逐步成熟，社会急需具有创新精神和实践能力的应用型人才，复合型人才培养问题日益得到社会及教育界的普遍关注。ERP 沙盘模拟对抗训练不同于传统的课堂灌输授课方式，采用流行的沙盘情景教学模式，通过游戏模拟来展示企业经营和管理的全过程。该训练融角色扮演、案例分析和专家诊断于一体，涉及整体战略、产品研发、设备投资改造、生产能力规划与排程、物料需求计划、资金需求规划、市场与营销、财务经济指标分析、团队沟通与建设等多个方面，让学员在分析市场、制定战略、组织生产、整体营销和财务结算等一系列活动中体会企业经营运作的全过程，认识到企业资源的有限性，从而深刻理解 ERP 的管理思想，领悟科学的管理规律，提升管理能力。对于培养具有创新精神和实践能力的复合型人才，ERP 沙盘模拟对抗训练无疑是一种"寓教于乐"的效果显著的培养方式。

　　本书由西华大学马法尧副教授编写第二章、第四章（部分内容），西华大学黄雷副教授编写第一章、第三章，西华大学谢合军老师编写第四章（部分内容）及第五章，西华大学王映玥老师编写第六章及制作 PPT。在本书的编写过程中，谢合军老师做了大量的统筹工作，在此表示衷心的感谢。

　　本书可作为信息管理类、企业管理类、计算机类本科生实验教材，也可作为相关专业硕士生、MBA 研究生，从事企业管理、信息管理、企业信息化管理等高级管理人员的培训教材和参考用书。

编　者

2017 年 4 月

目录

1 ERP 沙盘模拟实训课程简介

这么多年来，ERP 沙盘模拟实训一直是许多高校管理相关专业开设的实验课程，并且成了许多学校实训课程的一大特色。ERP 沙盘模拟实训课程就是一种体验式的教学。有人说过，阅读的信息只能记得 10%，听到的信息只能记得 20%，但所经历的事情却能记得 80%。ERP 模拟实训课程的目的就是让学生在全程的模拟实训过程中进行体验，教师不再是课堂上的主角，一切由学生自己做主。ERP 沙盘模拟系统能够很好地将学生所学的相关专业知识与企业的一些生产情况紧密联系起来，同时能调动参与模拟实训学生的学习兴趣，做到寓教于乐。孔子云："知之者不如好之者，好之者不如乐之者。"有了兴趣作为学习的动力，学生通过参与到 ERP 沙盘模拟实训，能对企业一般经营管理过程有正确的感知和了解，同时也为将来踏入社会进入企业工作、认知企业提前做好社会实践的准备。

🔘 1.1 ERP 沙盘与沙盘模拟

1.1.1 ERP 沙盘的含义

提到沙盘，很多人自然会联想到战争年代的军事作战指挥沙盘或者当今地产开发商销售楼盘时的规划布局沙盘。现代的沙盘出现于 19 世纪。1811 年，普鲁士国王腓特烈·威廉三世的文职军事顾问冯·莱斯维茨用胶泥制作了一个精彩的战场模型，用颜色把道路、河流、村庄和树林表示出来，用小瓷块代表军队和武器，陈列在波茨坦皇宫里，用来进行军事游戏。后来，莱斯维茨的儿子利用沙盘、地图表示地形地貌，用各种标志表示军队和武器的配置情况，按照实战方式进行策略谋划。这种"战争博弈"就是现代沙盘的雏形。

ERP 是企业资源计划（Enterprise Resource Planning）的简称。ERP 是指建立在信息技术基础上，以系统化的管理思想，为企业决策层及员工提供决策运行手段的管理平台。ERP 集信息技术与先进的管理思想于一身，可以帮助企业合理调配资源，最大化地创造社会财富。ERP 是企业管理、财务管理以及信息技术等多种学科相结合的综合产物，是一个集组织模型、企业规范、管理方法为一体的综合管理应用体系，是一种崭新的管理思想。ERP 沙盘最早出现于 1978 年，由瑞典皇家工学院的 Klas Mellan 开发出来。在这之后，国际上许多商学院（哈佛商学院、瑞典皇家工学院）以及一些管理咨询机构对职业经理人、经管类学生进行培训的时候都使用了 ERP 沙盘进行模拟演练。ERP 沙盘就是利用实物沙盘直观、形象地展示企业的内部资源和外部资源。ERP 沙盘可以展示企业的主要物质资源，包括厂房、设备、仓库、库存物料、资金、职员、订单、合同等各种内部资源；还可以展示企业上下游的供应商、客户和其他合作组织，以及为企业提供各种服务的政府管理部门和社会服务部门等外部资源。一般来说，ERP 沙盘展示的重点是企业内部资源。

1.1.2　ERP 沙盘模拟

ERP 模拟沙盘是针对代表先进的现代企业经营与管理技术——ERP（企业资源计划系统），设计的角色体验的实验平台。ERP 沙盘模拟培训不同于传统的课堂灌输授课方式，它运用独特直观的教具，模拟企业真实的内部经营环境与外部竞争环境，结合角色扮演、情景模拟、教师点评，使学生在虚拟的市场竞争环境中，真实经历数年的企业经营管理过程，运筹帷幄，决战商场。ERP 沙盘模拟培训一经推出，就以独特新颖的培训模式、深刻实用的培训效果受到中外企业、著名高校的青睐。目前 ERP 沙盘模拟培训已经成为世界 500 强中大多数企业的中高层管理人员管理培训的首选课程。

ERP 沙盘模拟培训，突破了传统的管理实训课程的局限性，让学生通过模拟企业运行状况，在制定战略、分析市场、组织生产、整体营销和财务结算等一系列活动中体会企业经营运作的全过程，认识到企业资源的有限性，在各种决策的成功和失败的体验中，学习、巩固各种管理知识，掌握管理技巧，从而深刻理解 ERP 的管理思想，领悟科学的管理规律，提升管理能力。

● 1.2　ERP 系统管理与沙盘模拟

1990 年 Gartner Group 咨询公司在 MRP（物料需求计划）的基础上吸收了物流后勤学、价值链、敏捷制造、JIT 以及 BPR、TQM 等理论的精华后提出了 ERP（Enterprise Resource Planning），即企业资源计划这一管理思想体系。它是建立在现代信息技术基础上，利用先进的企业管理思想，全面集成企业所有资源信息，为企业运行提供决策、计划、控制与经营业绩评估的全方位、系统化的信息管理平台。它是从 MRP（物料需求计划）发展而来的新一代集成化管理信息系统，扩展了 MRP 的功能。ERP 是一个高度共享和有效利用企业资源的系统，是信息管理的综合体，其思想理念包括管理思想、软件产品和管理系统，是集企业管理理念、业务流程和经济资源于一身的企业信息资源系统。在管理思想、软件产品和管理系统这三个层次中，管理系统是企业最终受益的体现形式。ERP 系统是知识经济时代背景下的产物，通过信息高度集成来整合和协调包括供应商、分销商、客户等各方面的管理信息，达到全过程和全方位的控制。它充分考虑企业资源的有效配置，更直接将营销系统与供应系统有机连接，将市场需求直接转化为企业资源需求和生产指令，并参与到市场竞争中，全面提高企业效率以获取市场竞争优势。因此，ERP 的核心思想即供应链管理（Supply Chain Management），是将客户需求、企业内部的制造活动以及外部供应商的资源有效整合，并对供应链上的各环节进行有效控制，实现信息集成，最大限度地实现资源的优化配置，从而实现对整个供应链的动态管理。

ERP 系统管理思想跳出了传统企业边界，从供应链范围去优化企业的资源。ERP 系统集信息技术与先进的管理思想于一身，成为现代企业的运行模式，反映时代对企业合理调配资源、最大化地创造社会财富的要求，成为企业在信息时代生存、发展的基石。它对于改善企业业务流程、提高企业核心竞争力的作用是显而易见的。这种先进的管理思想将很快风靡整个世界。

1.2.1　ERP 系统的管理思想

ERP 的核心目的就是实现对整个供应链的有效管理。其管理思想主要体现在以下三个方面：

1. 体现对整个供应链资源进行管理的思想

在知识经济时代仅靠自己企业的资源不可能有效地参与市场竞争，还必须把经营过程中的有关各方如供应商、制造工厂、分销网络、客户等纳入一个紧密的供应链中，才能有效地安排企业的产、供、销活动，满足企业利用全社会一切市场资源快速高效地进行生产经营的需求，以期进一步提高效率和在市场上获得竞争优势。换句话说，现代企业竞争不是单一企业与单一企业间的竞争，而是一个企业供应链与另一个企业供应链之间的竞争。ERP 系统实现了对整个企业供应链的管理，适应了企业在知识经济时代市场竞争的需要。

2. 体现精益生产、同步工程和敏捷制造的思想

ERP 系统支持对混合型生产方式的管理。其管理思想表现在两个方面：其一是"精益生产"（Lean Production）的思想。它是由美国麻省理工学院（MIT）提出的一种企业经营战略体系。即企业按大批量生产方式组织生产时，把客户、销售代理商、供应商、协作单位纳入生产体系，企业同其销售代理、客户和供应商的关系，已不再是简单的业务往来关系，而是利益共享的合作伙伴关系，这种合作伙伴关系组成了一个企业的供应链。这即是精益生产的核心思想。其二是"敏捷制造"（Agile Manufacturing）的思想。当市场发生变化，企业遇到特定的市场和产品需求时，企业的基本合作伙伴不一定能满足新产品开发生产的要求。这时，企业会组织一个由特定的供应商和销售渠道组成的短期或一次性供应链，形成"虚拟工厂"，把供应和协作单位看成企业的一个组成部分，运用"同步工程"，组织生产，用最短的时间将新产品打入市场，时刻保持产品的高质量、多样化和灵活性。这就是"敏捷制造"的核心思想。

3. 体现事先计划与事中控制的思想

ERP 系统中的计划体系主要包括主生产计划、物料需求计划、能力计划、采购计划、销售执行计划、利润计划、财务预算和人力资源计划等，而且这些计划功能与价值控制功能已完全集成到整个供应链系统中。

另外，ERP 系统通过定义事务处理（Transaction）相关的会计核算科目与核算方式，以便在事务处理发生的同时自动生成会计核算分录，保证了资金流与物流的同步记录和数据的一致性。其实现了企业根据财务资金现状，可以追溯资金的来龙去脉，并进一步追溯所发生的相关业务活动；改变了资金信息滞后于物料信息的状况，便于企业实现事中控制和实时做出决策。

此外，计划、事务处理、控制与决策功能都在整个供应链的业务处理流程中实现，其要求在每个流程业务处理过程中最大限度地发挥每个人的工作潜能与责任心。流程与流程之间则强调人与人之间的合作精神，以便在有机组织中充分发挥每个人的主观能动性与潜能，实现企业管理从"高耸式"组织结构向"扁平式"组织机构转变，提高企业对市场动态变化的响应速度。

总之，借助信息技术（IT）的飞速发展与应用，ERP 系统得以将很多先进的管理思想变成现实中可实施应用的计算机软件系统。

1.2.2　ERP 沙盘模拟实训

20 世纪中叶，美国哈佛大学经过长期研究表明，提高财商的最有效的方法是实践。但人们一般很少有机会去实践，因为实践需要金钱的投入。于是哈佛大学创建了模拟沙盘，希望学生在模拟财经实践活动中，逐步实现财商的提高。20 世纪 80 年代，欧美国家流行一种新型的课堂教学模式，即 ERP 沙盘模拟实战。模拟沙盘的特点是它通过对某些场景仿真模拟，将一些特征真实地反映出来，从而不必让人亲临现场也能对所关注对象有个清晰的了解，并依据反映出来的信息做出决策。ERP 模拟沙盘是针对代表先进的现代企业经营与管理技术——ERP（企业资源计划系统），设计的角色体验的实验平台。从 20 世纪 90 年代开始，这种新型的课程开始传入我国，但由于一些客观外在因素的影响，其在国内高校发展缓慢。进入 21 世纪以来，其在国内一些公司大力推广下成了许多高校的新型课程，甚至成了特色专业课程。该课程将学生以往所学的有关理论有机地融合在一起，同时又具有一定的趣味性。沙盘模拟作为一种体验式的教学方式，是继传统教学及案例教学之后的一种教学创新。ERP 沙盘模拟，可以强化学员的管理知识，训练其管理技能，全面提高学员的综合素质。沙盘模拟教学融理论与实践于一体，集角色扮演与岗位体验于一身，可以使学员在参与、体验中完成从知识到技能的转化。

ERP 模拟沙盘教具主要包括八张沙盘盘面（具体多少根据实训课程人数来定），代表八个相互竞争的模拟企业。模拟沙盘按照制造企业的职能部门划分了职能中心，包括营销与规划中心，生产中心、物流中心和财务中心。各职能中心涵盖了企业运营的所有关键环节：战略规划、资金筹集、市场营销、产品研发、生产组织、物资采购、设备投资与改造、财务核算与管理等几个部分。模拟沙盘把企业运营所处的内外环境抽象为一系列的规则，由受训者组成八个相互竞争的模拟企业，模拟企业 6~8 年的经营，通过学生参与→沙盘载体→模拟经营→对抗演练→讲师评析→学生感悟等一系列的实验环节，将理论与实践融为一体。集角色扮演与岗位体验于一身的设计思想，使受训者在分析市场、制定战略、营销策划、组织生产、财务管理等一系列活动中，参悟科学的管理规律，培养团队精神，全面提升管理能力，同时也对企业资源的管理过程有一个实际的体验。

ERP 沙盘模拟通过对企业经营管理的全方位展现，使学生通过模拟体验在以下几方面获益：

1. 战略管理

成功的企业一定有着明确的企业战略，包括产品战略、市场战略、竞争战略及资金运用战略等。从最初的战略制定到最后的战略目标达成分析，经过几年的模拟，经历迷茫、挫折、探索，学员将学会用战略的眼光看待企业的业务和经营，保证业务与战略的一致，在未来的工作中更多地获取战略性成功而非机会性成功。

2. 营销管理

市场营销就是企业用价值不断来满足客户需求的过程。企业所有的行为、所有资源，无非是要满足客户的需求。模拟企业几年中的市场竞争对抗，参与者将学会如何分析市场、关注竞争对手、把握消费者需求、制定营销战略、定位目标市场，制订并有效实施销售计划，最终达成企业战略目标。

3. 生产管理

在模拟中，把企业的采购管理、生产管理、质量管理统一纳入生产管理领域，则新产品研发、物资采购、生产运作管理、品牌建设等一系列问题背后的一系列决策问题就自然地呈现在学员面前。它跨越了专业分隔、部门壁垒。学员将充分运用所学知识，积极思考，在不断的成功与失败中获取新知。

4. 财务管理

在沙盘模拟过程中，团队成员将清晰掌握资产负债表、利润表的结构；掌握资本流转如何影响损益；解读企业经营的全局；预估长短期资金需求，以最佳方式筹资，控制融资成本，提高资金使用效率；理解现金流对企业经营的影响。

5. 人力资源管理

从岗位分工、职位定义、沟通协作、工作流程到绩效考评，沙盘模拟中每个团队经过初期组建、短暂磨合，逐渐形成团队默契，完全进入协作状态。在这个过程中，各自为战导致的效率低下、无效沟通引起的争论不休、职责不清导致的秩序混乱等情况，可以使参与者深刻地理解局部最优不等于总体最优的道理，学会换位思考；明确只有在组织的全体成员有着共同愿景、共同的绩效目标，遵守相应的工作规范，彼此信任和支持的氛围下，企业才能取得成功。

通过 ERP 沙盘模拟，参与者真切地体会到构建企业信息系统的紧迫性。企业信息系统如同飞行器上的仪表盘，能够时刻跟踪企业运行状况，对企业业务运行过程进行控制和监督，及时为企业管理者提供丰富的可用信息。通过沙盘信息化体验，学员可以感受到企业信息化的实施过程及关键点，从而合理规划企业信息管理系统，为企业信息化做好观念和能力上的铺垫。

ERP 沙盘模拟作为企业经营管理仿真教学系统还可以用于综合素质训练，使学员在以下方面获益：

1. 树立共赢理念

市场竞争是激烈的，也是不可避免的。但竞争并不意味着你死我活，寻求与合作伙伴之间的双赢、共赢才是企业发展的长久之道。这就要求企业知己知彼，在市场分析、竞争对手分析上做足文章，在竞争中寻求合作，才会有无限的发展机遇。

2. 全局观念与团队合作

通过 ERP 沙盘模拟对抗课程的学习，学员可以深刻体会到团队协作精神的重要性。在企业运营这样一艘大船上，首席执行官（CEO）是舵手，首席财务官（CFO）保驾护航，营销总监冲锋陷阵……在这里，每一个角色都要以企业总体最优为出发点，各司其职，相互协作，才能赢得竞争，实现目标。

3. 保持诚信

诚信是一个企业的立足之本、发展之本。诚信原则在 ERP 沙盘模拟课程中体现为对"游戏规则"的遵守，如市场竞争规则、产能计算规则、生产设备购置以及转产等具体业务的处理。保持诚信是学员立足社会、发展自我的基本素质。

4. 个性与职业定位

每个个体因为拥有不同的个性而存在。这种个性在 ERP 沙盘模拟对抗中会显露无遗。在分组对抗中，有的小组轰轰烈烈，有的小组稳扎稳打，还有的小组则不知所措。虽然，个性特点与胜任角色有一定关联度，但在现实生活中，很多人并不是因为"爱一行"才"干一行"的。更多的情况是需要大家"干一行"就"爱一行"的。

5. 感悟人生

在市场的残酷与企业经营风险面前，是"轻言放弃"还是"坚持到底"，不仅是一个企业可能面临的问题，更是个人需要不断抉择的问题。经营自己的人生与经营一个企业具有一定的相通性。

在 ERP 沙盘模拟中，学员经历了一个从理论到实践再到理论的上升过程，把自己亲身经历的宝贵实践经验转化为全面的理论模型。学员借助 ERP 沙盘推演自己的企业经营管理思路。每一次基于现场的案例分析及基于数据分析的企业诊断，都会使学员受益匪浅，使其达到磨炼商业决策敏感度，提升决策能力及长期规划能力的目的。

1.3　ERP 沙盘模拟实训课程

ERP 沙盘模拟实训作为体验式的教学课程，具有科学性、实用性、趣味性的特点，是一种全新的教学模式。该课程集教与学为一体、结合角色扮演与职位体验为一身的设计理念新颖、独特，使受训者在参与过程中感受深刻。

1.3.1　ERP 沙盘模拟实训课程目标

ERP 沙盘模拟实训，能够让受训者在如下方面得到改进和提高：

1. 通过沙盘模拟实训，在实践中指导学生理论学习

ERP 沙盘模拟实训改变了传统的教学方法，解决了学生只能被动地接受知识，而不能主动参与的问题。它培养了学生的学习兴趣，培养了学生将理论知识与企业的生产实践紧密相连的能力，同时也培养了学生发现问题、分析问题、解决问题的能力。ERP 沙盘模拟实训，能巩固学生所学理论知识，开拓学生思维，为将来毕业

工作打下坚实的基础。

2. 通过 ERP 沙盘模拟实训培养学生的团队意识和协作精神

ERP 沙盘模拟实训是将参与者分成几个虚拟的竞争企业，模拟现实中的企业进行生产经营活动。它剥开了经营理念的复杂外表，直探企业经营本质，让学生直观地体验和学习到经营管理理念，使学生对自己所学的知识有更深刻的理解和感受。同时，在 ERP 沙盘模拟实训中学生会遇到自己以前在学习中不曾遇到或者没有想到过的问题。这就需要他们之间不断沟通、协商和探讨；需要他们团结一致，心往一块想，劲往一处使。这样才能解决问题，排除困难。这种团队协作的方式增进了学生之间的情感，增强了学生之间的沟通，培养了学生的团队意识和协作精神。

3. 通过 ERP 沙盘模拟实训提高学生综合能力

由于课程设计的原因，在以往的学习中，学生学到的知识只是停留在书本，很少将所学运用到实际，对自己的实际运用能力缺乏了解。而 ERP 沙盘模拟课程融合了生产管理、营销管理、人力资源管理、物流管理等经营管理的多种理论知识。ERP 沙盘模拟实训，是对学生综合运用经营管理理论知识能力的一次检验，让学生在实训中认识自己、了解自己，使他们的知识得到全面、系统的提升，增强了学生的学习能力。同时 ERP 沙盘模拟实训，能增强学生发现问题、分析问题和解决问题的能力，培养学生的团队协作意识，使学生的综合素质得到的提升，有利于他们将来的发展。

总之，"模拟对抗培训"使学生能够从最高管理者角度认清企业资源运营状况，建立企业运营的战略视角，并寻求最佳的利润机会；能有效地区分业务的优先安排，降低运营成本；深入地理解财务的战略功效，掌握财务结构，解读财务报表；能从中级管理者的角度出发，在"模拟对抗培训"中了解整个公司的运作流程，提高全局和长远策略意识，更好地理解不同决策对总体绩效的影响，从而可以和不同部门达成更有效的沟通。同时，一线主管将提升其策略性思考的能力，以及与下属沟通的技巧。"模拟对抗培训"更可以帮助学生建立一种共同的语言，提高每个人的商务技巧，从而使每个部门甚至每个人都能支持公司既定的战略决策，方向一致，共同致力于生产力和利润的提高。"模拟对抗培训"还可以帮助所有参与企业经营的学生理解企业的经营运作、企业的竞争力以及企业资源的有限性，帮助各部门的管理人员做出有效的资源规划及决策。

ERP 沙盘模拟作为一种综合训练，可以使学生将自己所学的知识运用到实训中来，提高综合运用能力。同时，ERP 沙盘又可以作为一种人才选拔的手段。企业在人才选拔时可以通过考察应征者在沙盘模拟实训过程中的角色表现来选拔适合自己企业的人才。

1.3.2 ERP 沙盘模拟实训课程的内容

ERP 沙盘模拟实训课程涉及企业经营管理的诸多理论知识，是对多重理论知识的一次综合运用。ERP 沙盘模拟实训课程的基础背景设定为一家已经经营若干年的制造型企业。此课程将把参加训练的学生分成 6~8 组，每组 6~8 人，每组各代表不同的一个虚拟公司。在这个训练中，每个小组的成员将分别担任公司中的重要职位（CEO、CFO、市场总监、生产总监等）。六个（或更多）公司是同行业中的竞争对手。企业高管（小组成员）在面对来自其他企业（其他小组）的激烈竞争中，将企业向前推进、发展。在这个课程实训中，学生们必须做出众多的决策。例如新产品的开发、生产设施的改造、新市场中销售潜能的开发等。每个独立的决策似乎容易做出，然而当它们综合在一起时，许多不同的选择方案自然产生。

ERP 沙盘模拟实训课程具体包括如下内容：

1. 人力资源管理

（1）对参与学生的特质进行评估、分析。

（2）针对分析结果安排相应角色，赋予职责。

（3）对各个岗位进行业绩衡量和评估。

（4）理解"岗位胜任符合度"的度量思想。

2. 企业宏观发展战略

（1）通过对企业内外环境的分析、评估，制定企业的整体发展战略（长期、中期、短期战略）。

（2）根据市场行情的运行趋势预测及企业运营状况，及时调整企业发展战略。

3. 企业运营管理

（1）产品研发

① 紧跟市场行情，做出产品研发决策。

② 依据企业实际运行情况，对产品研发进度进行调整。

（2）生产管理

① 根据企业实际能力确定企业规模（购买还是租赁厂房）。

② 设备及生产线的维护、更新、改进。

③ 根据市场需求、企业状况对产品生产流程进行调控（原材料的供应、产能的大小）。

（3）市场营销管理

① 市场开发决策、产品组合与市场定位决策。

② 广告订单的投放决策。

③ 刺探其他企业情报，获取信息优势。

④ 建立并维护市场地位，必要时做退出市场的决策。

（4）企业财务管理

① 制订投资计划，评估应收账款金额与回收期。

② 精打细算，控制企业成本。

③ 全面预算，了解企业资金链状况。

④ 合理利用融资渠道，筹措企业经营资金。

⑤ 编制财务报表，结算投资报酬，评估决策效益。

⑥ 根据财务状况，对企业经营进行评估。

⑦ 运用财务指标进行内部诊断，协助管理决策。

⑧ 如何以有限资金转亏为盈，创造高利润。

● 1.4 ERP 沙盘模拟实训课程的特色及意义

ERP 沙盘模拟是一种体验式的教学方式。学生在该实训的全程中作为一名管理者同时也是一位执行者亲身参与到实训当中。该实训课程融合了角色扮演、案例分析、问题诊断。学生作为整个实训过程的操控者，既从模拟企业决策者的高度对企业生产经营当中的问题进行决策，分析和处理企业生产过程当中出现的一系列问题，如战略决策、组织生产、财务结算、市场营销等；也从执行者的角度对企业的生产过程进行问题的讨论和分析，如当季产量、产品的研发、生产线的更替等许多生产一线中的实际问题。

1.4.1 ERP 沙盘模拟实训课程的特色

当今，ERP 沙盘模拟实训课程在高校深受学生的欢迎。究其原因，这与该课程的特色有很大关联。

1. ERP 沙盘模拟企业生产状况直观、易懂

ERP 模拟沙盘是用一些简单的具有代表意义的教具来模拟企业结构。它剔除掉企业复杂的外在，而将企业的实质内涵呈现在大家的面前，直探经营本质。企业结构和管理的操作全部展示在模拟沙盘上，其将复杂、抽象的经营管理理论以最直观的方式让学生体验、学习。一方面，学生对企业的基本构成有了直观的了解，便于对企业形成全局观念；另一方面，完整生动的视觉感受将极为有效地激发学生的学习兴趣，增强学习能力。在课程结束时，学生对所学的内容理解更透，记忆更深。

2. ERP 沙盘模拟实训课程类似情景模拟，能使学生全心投入

在 ERP 沙盘模拟实训中，每个学生将模拟企业的人事安排而被赋予某种角色，拥有各自的职能并承担着一定的责任。这种虚拟的"岗位责任制"使学生具有一种新鲜感，同时又有一种责任感和使命感。在这多重感受的驱使下，他们能积极投入模拟实训的学习中。整个模拟实训，有利于学生实现从理性到感性再到理性的认识循环过程。这种情景模拟的培训方式是让人们通过"做"来"学"：参与者以切实的方式体会深奥的商业思想——他们能看到并触摸到商业运作的方式。体验式学习使参与者学会收集信息并在将来应用于实践。这种模拟是互动的。当参与者对游戏

过程中产生的不同观点进行分析时，需要不停地进行交流沟通。除了学习商业规则和财务语言外，参与者还增强了沟通技能，并学会了如何以团队的方式工作。

3. ERP 沙盘模拟实训课程具有很强的理论综合性

ERP 沙盘模拟实训是对制造型企业的生产经营状况进行模拟。它蕴含了当今经营管理的诸多理论知识，包括生产管理、财务管理、人力资源管理、营销管理、物流管理等多个学科的理论知识。模拟实训要求学生对诸多的理论知识都能熟练地掌握和运用，以解决企业生产经营过程中遇到的问题，促进企业发展。

管理课程一般都以理论案例为主，比较枯燥而且很难使学生迅速掌握这些理论并应用到实际工作中。而模拟沙盘增强了娱乐性，使枯燥的课程变得生动有趣。其通过游戏进行模拟可以激起参与者的竞争热情，让他们有学习的动机。

4. ERP 沙盘模拟实训课程自由、开放，寓教于乐，使学生学习兴致高

ERP 沙盘模拟实训课程就像是一场游戏课。学生在实训过程中可以随意交流，甚至可以有争论。老师只是在初期教会学生游戏规则，在之后的过程当中只是充当裁判的角色，不干预学生模拟实训活动过程，只对有争议或有疑问的地方依据游戏规则进行裁决或解释；学生在整个过程当中是自由和自主的。这种自由、开放式的教学方式极易吸引学生的兴趣，从而使他们积极主动地参与到该实训课程当中来，也有利于学生在实训当中获得真知实感。

5. ERP 沙盘模拟实训过程及结果具有非程序化的特点

在 ERP 沙盘模拟实训过程中，各个模拟企业是处在一个完全竞争的成熟的市场环境当中的。不同的企业在管理理念、领导决策、团队意识等方面存在差异，从而影响到他们各自生产周期的企业经营效果，包括产品的开发、企业利润等方面。而每结束一个生产周期，角色的扮演者都需要根据最新企业生产状况在大的战略格局下进行新的策略调整。这种模拟实训过程的非程序化特点使得学生在整个实训过程中，不只是关注自身企业的发展状况，还要关注其他企业的发展情况以及实训课程所设想的市场环境的变化。只有这样才能使模拟企业在竞争中求得生存和发展，否则企业将破产、倒闭。

ERP 沙盘模拟实训改变了传统的教学方式，也改变了传统课堂上的师生关系。在 ERP 沙盘实训教学过程的最初一段时间里，老师作为主导者教授学生沙盘模拟实训过程中的相关规则；当学生对整个模拟实训过程有了一定程度的了解之后，学生自己主导模拟实训过程。在整个模拟实训课程的过程中，授课教师不再是主导者，只是整个实训过程的裁判员，而学生成了整个实训过程中的主导者。学生对模拟企业的生产情况做出决策和判断。在模拟实训结束以后老师再根据各个企业的经营状况决定学生的胜负，并做出相应的点评。

1.4.2　ERP 沙盘模拟实训课程的教学创新及开设的意义

ERP 沙盘模拟实训课程作为一种体验式的互动学习，不同于一般的以理论和案

例为主的课程。该课程涉及的理论知识面非常广泛，包括战略、管理、物流、营销、财务、人力资源等多方面的知识。在模拟沙盘上企业的组织结构和经营管理操作全部得以展现，每个学生作为参与者都直接参与到企业的经营管理过程，亲身体验复杂、抽象的经营管理理论知识在实践中的运用。ERP 沙盘模拟实训课程的开设，在一定程度上解决了学生实践能力培养的难题，填补了管理类学科各专业实践性教学环节的空白，提高了学生的动手能力、分析解决问题的能力以及实践的能力，有利于学生将来的就业和发展。

1.4.2.1 ERP 沙盘模拟实训课程的教学创新

ERP 沙盘模拟实训课程跟传统的教学方式相比，具有体验性、互动性和趣味性的特点。这对于引导学生主动学习、主动思考，培养学生创新能力等具有重要的意义。跟传统的课堂教学相比，其创新性表现在以下几个方面：

1. 教学方法的创新

ERP 沙盘模拟实训课程作为一种体验式的教学方法，充分展示了体验式教学方法的内涵。体验式教学方法就是指学生在教师积极有效的帮助下，开展研究式学习和体验式学习，提高创新素质，努力形成创新人格的教学方法。作为一种创新的教学方法，体验式教学有它的几个特点：①活泼创新。设计的活动节奏明快、大胆创新，在学习的环境中可以有多种元素，包括视觉、动感、音乐等。②安全与相互支持的环境。在培训创造的学习环境中能让参与者相互信任、忠实表达。学生不但能够在活动中进一步认识自己，而且能在这个环境中与别人建立有意义、相互帮助的互动关系。③以学生为中心。在活动中学生自我约束、自我学习并形成一种习惯。④快速学习。学生可结合最先进的学习方式增强学习效果，增强记忆并确保效果长期有效。⑤自我认知和肯定。当克服了原以为无法克服的困难的时候，学生就会感受到前所未有的成就感与自我肯定；同时也会对自己的能力有新的认知和定位，从而适时调整自己来适应社会。

2. 教学内容的创新

在 ERP 沙盘实训课程中，教学活动从以"教"为主转变为以"学"为主。学生成为教学活动的主体，学生的学习活动都是在自主管理下进行的，学生成为课程活动的主体；教师则改变过去传统课堂授课者的身份，变成实训课程过程中的评判者和组织者。课堂教学由听讲模式变成教师为学生的实训课程进行情景设计、规则讲解及评判、指导、监控以及事后的点评。整个课堂活动中，学生是主动和积极的。

教学内容将注重理论水平提升与实践应用能力增强紧密结合起来。模拟实训课程，引导学生将零散的知识转变为系统的知识，将理论知识内化为自身的能力、素质与习惯，帮助学生实现知识的有序化、系统化，真正实现理论与实践的结合。

3. 教学手段创新

ERP 沙盘模拟实训课程使学生感受到逼真的实战气氛。学生在模拟企业经营过程中会碰到企业经营过程中的各种代表性的问题。而对于出现的这些问题，学生需要认真分析找寻解决办法，制定决策并组织实施。例如在市场竞单时，学生就必须对产品的市场行情有充分的了解，结合自身企业产品研发以及其他竞争对手的生产情况进行市场竞单等。

4. 教学组织形式创新

ERP 沙盘模拟实训课程将角色扮演、案例分析和课后点评融为一体，使学生的学习过程接近企业实际的经营过程，在高度模拟企业经营的环境中，将各小组命名为不同的公司。学生们在一起组建公司进行生产经营活动，模拟企业 6 年的全面经营管理活动，并进行相应的经营决策，组织会计核算，进行账务处理，编制财务报告。各模拟企业之间始终进行着激烈的竞争，在竞争中求生存、求发展。这种教学组织形式改变了以往的"填鸭式"教学方式。通过模拟市场运作，学生能够更清晰直观地看到企业的现金流量、产品库存、生产设备、人员实力、银行借贷等指标，初步了解企业实际流程，使每个学生既能全面把握企业的运作和工作流程，了解企业的生存环境以及企业与企业、企业与市场的关系，又能深化专业知识与专业技能的学习，从而将专业知识学习与专业技能培养有机地结合起来。

1.4.2.2　ERP 沙盘模拟实训课程开设的意义

ERP 沙盘模拟实训课程是一个高仿真的模拟平台。该模拟平台仿真企业环境。ERP 沙盘模拟实训课程，对环境的设计和整个流程的设计都可以使学生有一个接近或仿佛置身于企业的实际环境中的感觉。这种环境可使学生自觉调整自身不同于课堂上课的状态，促使学生主动去思考、规划自己的实训过程，主动加入群体活动中去完成实训。环境模拟得越像真实的工作环境，实训教学的效果就越好。环境模拟不仅包括一个单位内部的工作环境，还包括该企业与外部关联单位之间的工作关系。ERP 模拟实训课程还模拟企业职能岗位。在 ERP 实训过程中，每个学生以企业实际流程为参照，针对一个特定系统的业务，模拟企业不同部门、不同的工作岗位，独立完成业务的处理流程。为了全面提高学生的综合实践能力，真实模拟系统在企业中的实际运行过程，可以由不同的学生模拟企业中的不同岗位，每个岗位具有相应的责、权、利，让每一个学生都找到相应的"职业角色"的感觉。在对企业流程的仿真中，以企业业务流程为连接线，将各个业务部门、各个职能岗位有机地连接在一起，以系统性的经济业务深化理论与实践的全面结合，使每个学生更深切地体会局部与整体的关系，体会到自己在流程中所处的位置和应负责的工作，体会到企业基于流程的运作模式。

ERP 沙盘模拟实训课程通过对企业经营过程的仿真，能让学生在实训课程中获得许多普通课堂上所感受不到的东西。课程开设具有重要的价值。

1. 巩固理论知识，加深学生对 ERP 原理及管理思想的理解和掌握

ERP 沙盘主要是模拟企业整体运营，让学生全方位体验企业的整体战略计划、产品研发、厂房及设备投资建设、生产能力规划、原材料需求计划、资金周转计划、销售市场的经济指标分析，让学生按照 ERP 工作原理制订主生产计划、物料需求计

划，使学生切身体会到企业内的业务流程。ERP 是一种企业管理的思想，强调对企业的内部甚至外部的资源进行优化配置、提高利用效率。

2. 全面提升学生的综合素质

沙盘实验是对企业经营管理的全方位展现，使每个参与者全面了解企业的运营情况，使学生树立共同的努力目标、全局观念，以及明白团队合作对一个企业的重要性。实验的规则限制，增加了学生的约束能力，同时也使学生树立了诚实守信的经营观念；在培养学生树立管理理念的同时，提高学生的实物操作能力。

3. 有利于培养 ERP 系统实施人才

随着信息技术的快速发展，制造业企业对 ERP 应用需求增强，对 ERP 人才需求增加。ERP 沙盘实验使学生深入了解模拟企业的业务流程及相互关系，掌握 ERP 的思想和精髓。ERP 沙盘实验模拟制造企业生产经营过程，通过团队合作、财务资金预算、ERP 流程管理等一系列活动，让学生了解、认识企业复杂多变的生存环境和运作过程，熟悉企业的业务流程，有意识、有目的地学习和运用专业知识、相关知识进行经营决策，并体现决策的科学性，使学生能在实验中理解 ERP 的原理和内涵。

4. ERP 沙盘模拟实训让学生提前体验社会实践

ERP 沙盘模拟实训课程是对社会企业的生产经营情况的模拟。学生通过角色扮演，作为企业的决策者或执行者参与到企业的生产经营活动当中。学生从一个在校学生到一个企业经营活动的参与者这个过程的转变就是一种社会实践、一种社会体验。这种社会实践或者社会体验活动，让没有走出校门或将要走出校门的学生能提前感知社会细胞的生存和发展，能初步地了解社会的生产经营活动，为将来步入社会打下一定的基础。

1.4.3 ERP 沙盘模拟实训课程存在的问题及开设的建议

1.4.3.1 模拟实训中常出现的问题及建议

通过多年的沙盘模拟实训教学，笔者发现在实训课程中存在以下几个问题，需要引起注意并改进：

1. 团队组织分工不是很明确

由于参与模拟实训课程的学员都是平等的同学关系，不同于团队协作当中的角色之分，所以在团队协作上有些小组的成员往往不能形成有效的凝聚力，也无法做到有效的分工协作，经常出现一个人承担多个角色的情况，使得其他人无法或者不能完全参与到模拟实训当中，模拟实训的初衷就难以实现。针对这种情况，实训课程主讲老师可以在每组安排一个总负责人。该组其他成员则由该总负责人模拟企业招聘的方式组织招聘，其将招聘的成员按照实训所需要的角色进行角色安排。在实训过程中，所有学员都在各组总负责人的管理下分工合作。当然，在这个招聘过程中，主讲老师要保证所有参与实训的学员都能成功"应聘"。这样的方式不但能使各小组招聘的人员在人际关系上相对融洽，同时也让学生体会了一次企业招聘，初步感受到招聘的气氛。

2. 对规则不熟悉，实训过程敷衍

因为模拟实训课程是一门新开课程，以前学生没有接触过，而该实训课程的规则多，所有的经营活动都是在规则的引导下进行的。因此在模拟实训的过程中，一些学生对规则熟悉不够，重视不足。实训过程很慢影响了生产进度，降低了学生对实训课程的热情，导致在实训过程中敷衍的现象有所出现。

针对这种情况，实训老师应该在实训的初期多花一点时间来讲规则，同时在经营活动初期将重点放在让学生熟悉规则上，而不只是强调经营活动的效果；让学生能跟上经营活动过程，让学生懂得实训规则。同时，实训老师要对学生的自主经营活动进行监控，对不积极参与、敷衍的同学进行提醒或者批评，用多种方式保证学生能参与到活动过程。

除了以上几个问题外，授课老师还应该做到以下几个方面：

（1）为了让学生能充分投入并在模拟企业经营过程中加深体验，要让学生在模拟过程中担任多个角色，创造真实企业运营的模拟环境。教师根据每个学生在模拟过程中的表现，判断哪些知识是学生最欠缺的、容易出现的问题，即时讲解和纠正。

（2）教师在授课过程中不应该讲授过多的理论知识，要通过分组、各组述职、案例分析等方式建立分享学习的氛围，同时引导学生讨论并进行有效控制。教师主要充当"引导者"，激发学生思考多种战略方案，当好"裁判官"，不干涉学生的经营决策，培养学生的创造力。

（3）为学生营造公平和接近真实的比赛环境，不断变换市场供需场景，针对实际情况适当修改实验规则，锻炼学生分析问题及解决问题的能力。

ERP 沙盘模拟实验为学生搭建了一个仿真企业平台，让学生身临其境，能真正感受到市场竞争的激烈与残酷，在成功与失败的体验中，既巩固了理论知识，又提高了动手能力。ERP 沙盘模拟实验加强了团队成员之间的沟通与理解，更重要的是拓宽了学生的战略眼光，让学生能大胆发挥其决策，对提高学生的综合素质起到了很大的作用。

1.4.3.2 ERP 模拟实训课程开设建议

1. 合理选择实训时间和内容

沙盘模拟实训作为一个综合性比较强的实训课程，涉及财务、生产、市场营销、物流等方面的知识，因此什么时候开设此实训课程，各院校有不同的做法。笔者建议应该在财务管理课程学完后的期末开设该实训课程。这样学生的理论知识才足以完成此课程实训，达到实训的效果。

2. 运用市场手段培养学生的独立意识

针对学生长期以来形成的依赖思想以及缺乏独立思考能力的现状，建议在沙盘模拟对抗课程规则中加入强化老师角色的部分。实训老师在整个实训过程当中还要扮演第三方服务角色。这就意味着除了承担市场广告的发布者、供应商、采购商和银行等沙盘课程规定的角色以外，老师还是第三方服务机构。这种改革不仅会使学生真正独立地去解决问题，而且大大减轻了实训老师的负担。老师要给每年的经营规定时间，在规定时间到的时候检查各组的财务报表，对于那些没有及时提交财务报表的组要按照市场的规则给予惩罚，如罚款或者停业整顿。这样做是符合现实的社会情况的，同时对于实训进度又进行了很好的控制。

3. 利用沙盘配套软件强化学生的实训效果

ERP 实物沙盘的缺点是实物沙盘在运行监控上难度很大，指导老师必须花费大量时间和精力来进行监控，且效果不佳；学生很容易产生作弊行为，造成运行结果的非公平性。而且老师必须面临繁重的选单录入、报表录入和监控录入等具体操作，很难将注意力放在如何更好地引导学生进行企业经营管理上。ERP 电子沙盘的优点是可控性强，监控工作量小。学生的每一步操作都要输入电脑，而且每一步操作都具有不可逆转性。这样更贴近企业真实的运作环境，迫使学生在进行操作的时候更加谨慎，认真负责地面对每一项决策。电子沙盘也使老师彻底从繁重的监控和录入操作中解放出来，能有更多的时间和精力关注每一组的战略制定和执行情况，有的放矢地给予智力支持。学生也不可能再出现作弊的情况，因为系统自动在后台严格按照规则审批操作的合规性，违规的操作在电子沙盘里根本没有机会执行。ERP 实物沙盘与电子沙盘的优缺点基本可以互补。将两者恰当地结合运行，或许能够取得ERP 沙盘模拟实验的最佳运行效果。

4. 模拟实训中教师的角色

在整个实训活动过程中，为了使学生活学活用，教学活动应该以学生为主，奉行少干预的原则，让学生在实训中获得知识，获得成长，而不论这个过程是成功还是失败。在整个课堂上，教师的职责主要体现在两个方面：第一是建立分享的学习氛围，让学生对实训过程进行讨论，总结经验，共享团队合作的成果。第二是展示课程内容，适时引导学生。在每个运营周期，教师适时展示每个小组的运营情况，同时进行适当的点评。第三是引导学生讨论并进行适当的控制。在模拟实训过程中，教师的角色定位可以用"裁判"一词来进行概括，在课堂活动中适当地引导和评判，依据规则办事，但不过多地干预学生的课程活动。

1.5　ERP 沙盘模拟实训课程教具

如今高校使用的 ERP 沙盘有多种,其中用友软件公司开发的一套 ERP 沙盘的使用者较多。本书以用友公司开发的这套沙盘为例对 ERP 模拟沙盘进行介绍。

沙盘作为企业经营管理过程的道具,需要系统和概略性地体现企业的主要业务流程和组织架构。盘面是 ERP 模拟沙盘的核心部分。它直观地展现出了一个制造型企业生产过程中的几个关键的部门,如图 1.1 所示。

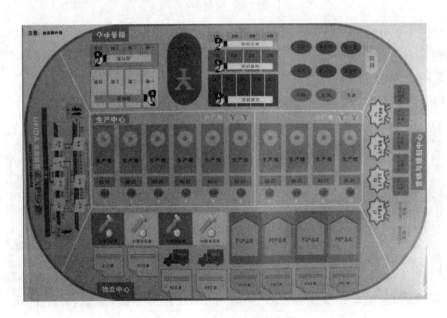

图 1.1　用友 ERP 沙盘盘面

该盘面模拟制造型企业,设计出了财务中心、信息中心、物流中心、生产中心、营销与规划中心、研发中心等,使初学者有了很直观的感受。

1. 财务中心

财务中心模拟企业资金的运作,包括企业融资、企业投资、企业经营中的资金运转和资金的核算等,如图 1.2 所示。

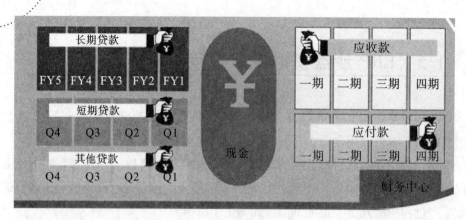

图 1.2　财务中心

从图 1.2 可以出，财务中心包括贷款（长期贷款、短期贷款、其他贷款）、应收（付）款及现金三个部分。

2. 生产中心

ERP 模拟沙盘的生产中心包括生产线、厂房、产品，如图 1.3 所示。

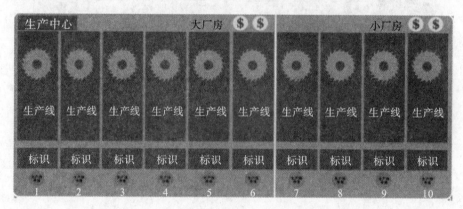

图 1.3　生产中心

（1）厂房

厂房是制造型企业的重要场所，生产设备的安放、产品的生产都离不开厂房。从图 1.3 可以看出，该沙盘设计了大小两个厂房，大厂房可以安装 6 条生产线，小厂房可以安装 4 条生产线。

（2）生产线

生产线是制造和生产具体产品的生产设备。ERP 模拟沙盘设计了手工生产线、半自动生产线、全自动生产线、柔性生产线四种生产线。每种生产线的购买费用、安装周期、生产能力、转产周期以及净值、残值等方面都有所不同。企业要根据自己的实际生产情况决定购买何种生产线，如图 1.4 所示。

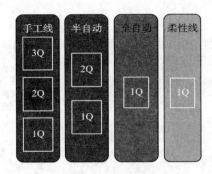

图 1.4　生产线

（3）产品

用友 ERP 沙盘设计了四种产品，分别为 P1、P2、P3、P4，每种产品的原材料都不一样，同时各种产品在不同的时期出售的价格是不一样的，如图 1.5 所示。

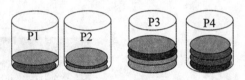

图 1.5　P 系列产品

P1 产品成本为 2M，由一个红色钱币（1M）代表的原材料加上 1M 的加工费组成；P2 产品成本为 3M，由一个红色的钱币和黄色的钱币代表的原材料（2M）加上 1M 的加工费组成；P3 产品成本为 4M，由两个黄色的钱币和一个蓝色的钱币代表的原材料（3M）加上 1M 的加工费组成；P4 产品成本为 5M，由一个黄色的钱币、一个蓝色的钱币、两个绿色的钱币代表的原材料（4M）加上 1M 的加工费组成。

3. 物流中心

物流中心是制造型企业进行物流采购、存储的中心。用友 ERP 沙盘物流中心设计了四项内容，即原材料库、成品库、原材料在途、原材料订单，如图 1.6 所示。

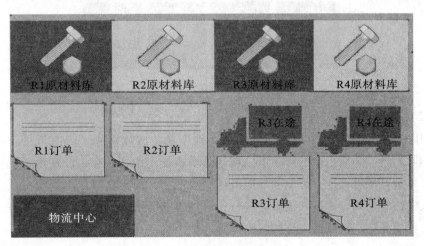

图 1.6　物流中心

4. 营销与规划中心

营销与规划中心主要承担市场营销和产品研发，如图 1.7 所示。

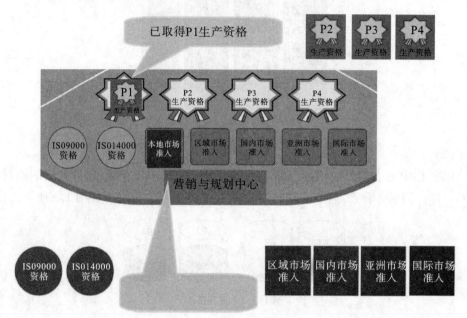

图 1.7 营销与规划中心

（1）生产资格证

ERP 沙盘设计了四种产品，分别是 P1、P2、P3、P4。在本操作中，企业在经营初期已经拥有了 P1 产品的生产资格。但是，对于 P2、P3、P4 三种产品，企业没有生产资格。要生产该种产品，企业必须投资进行研发，研发完成获得生产资格才能进行生产。P2、P3、P4 三种产品研发所需的时间和资金投入都不一样。四种产品的生产资格证如图 1.8 所示。

图 1.8 产品生产资格证

（2）市场准入证

ERP 沙盘设计了五个市场，分别是本地市场、区域市场、国内市场、亚洲市场、国际市场。企业生产的产品可以在这五个市场中销售。在生产初期，企业已经拥有了本地市场准入证，可以在本地市场销售产品，但是在其他市场没有获取相应的准入资格时是不允许进入该市场进行产品销售的，所以企业必须对其想进入的市场进行投资开拓。市场准入证如图 1.9 所示。

图 1.9　市场准入证

（3）ISO9000、ISO14000 资格

企业在销售产品的过程中，有时候会遇到客户对产品有特殊的要求，那就是 ISO9000、ISO14000 资格。有时他们要求产品同时具有 ISO9000、ISO14000 两种资格，有时只要求具有其中一种资格即可。所以企业在产品研发过程中应该依据市场对产品的要求进行开发，以利于产品的销售。ISO9000、ISO14000 资格如图 1.10 所示。

图 1.10　ISO9000、ISO14000 资格

5. 模拟钱币及原材料

ERP 沙盘中用模拟的灰色钱币表示企业经营运转中使用的现金，1M 表示 100 万元，其他颜色的模拟币代表企业生产过程中需要采购的原材料，每个原材料的购买价格是 1M（100 万元），如图 1.11 所示。

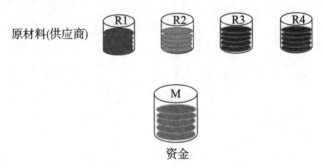

图 1.11　模拟原材料及钱币

6. 综合费用区

用友 ERP 沙盘设计了一个综合费用区。该区域反应的是企业财务中心的现金支出状况。企业财务人员能依据它直观、便捷地计算出综合费用，如图 1.12 所示。

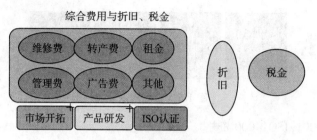

图 1.12　企业综合费用

7. 订单

企业依据订单进行生产。订单上包括产品类型、订单数量、单价、销售总额、应收账款等信息，如图 1.13 所示。

第 1 年	本地市场	LP1-3/6
产品数量：4P1		
产品单价：5.5M/个		
总　金　额：22M		
应收账款：3Q		

图 1.13　订单

2　ERP 沙盘实训中的企业经营管理

用友 ERP 沙盘是模拟制造型企业的生产过程管理，因而我们有必要对企业主要的经营过程管理进行了解。过程管理是管理中的执行层次，是企业发展策略和计划的具体实施过程，是对企业人、财、物、信息、时间五大要素的管理过程。本章将对企业的财务管理、生产管理、营销管理、人力资源管理等过程进行介绍，剖析企业运作流程和主要管理工作以获得企业实际运作的知识。

● 2.1　企业财务管理

2.1.1　财务管理的含义及作用

财务是企业资金投入与收益活动及其形成的经济关系，主要职能有筹资职能、调节职能、分配职能和财务监督职能。这些职能是确定财务管理任务与作用的客观依据。财务管理在企业管理中处于综合管理的地位。它发挥着调节、分配、监督财务的职能，使企业经济活动良性循环，实现企业经济发展速度与效益相结合。因此，对企业的财务数据进行科学分析，为企业经营管理者提供可靠、合理的决策依据，是企业管理者十分重要的工作。

无论是在传统的 MRP Ⅱ 或是在 ERP 中，财务管理始终是核心的模块和职能。企业的财务信息，无论是管理会计的预算、控制等信息，还是财务会计的应收应付日常业务信息，都与企业生产经营业务有着不可分割的紧密联系。对于一个企业来说，最为重要的是：如何以一种有效的方式逐步整理各个业务处理系统中积累下来的历史数据，并通过灵活有效的方式为各级业务人员提供统一的信息视图，从而在整个企业内实现真正的信息共享。因此，必须建立起一个不仅能提供普通的历史数据分析，还能提供立体化的、多视角的、有渗透力的以及有预测性的数据的系统，从而正确分析企业现状，为企业决策提供正确可靠的依据。

企业的财务管理、信息的真实性、清产核资以及目标的确定，都离不开以信息系统为支撑的各种体系的建立。这些工作需要以财务管理为突破口，进一步整合企业的信息资源，加速企业财务的信息化。财务的闭环管理，能畅通企业资金流、物流、信息流，实现生产、业务、财务一体化，实现业务信息与财务信息的高度一致性、同步性和完整性，实现财务预算、财务控制和财务分析的完全动态化、业务流的透明化、生产管理的合理化。

2.1.2　财务分析理论

首先介绍下财务分析的含义。关于财务分析的含义，可以有很多认识与理解。从分析的内容来看，财务分析既可以指对企业历史的财务状况与成果进行的分析，也可以指对企业将要实施的投资项目在财务方面进行评价与分析等。从分析的主体来看，财务分析既可以指从外部股权持有者（即企业的所有者）和债权人的角度利用财务报表对企业财务状况进行的分析，也可以指从企业内部管理者的角度对企业过去整体与局部的财务状况进行的分析，还可以指企业内部管理者从管理者的角度对企业整体或局部未来财务状况进行的预测分析。从上面的分析可以看出，本书所涉及的财务报表分析是企业财务分析的重要方面，特指以企业的财务报表以及以财务报表为基础的一系列财务指标为基础，采用专门的分析工具和方法，从财务报表中找出对决策者有用的信息，从而对企业财务状况进行分析与评价。

财务分析的内容主要由资本、资产的分析，企业三大能力分析和财务的综合分析等组成。这些内容概括起来，可从以下三个方面理解：

1. 内部分析和外部分析

财务分析根据不同的使用者可以分为外部分析和内部分析。外部分析是企业外部的人们根据各自的要求而进行的。外部分析主要包括企业偿债能力分析、企业盈利能力分析、企业资产运用效率分析、企业成长能力分析以及企业综合实力分析。内部分析是从经营者的角度分析，目的是判断企业的经营是否顺利。它除了包括以上外部分析内容外，还包括企业筹资分析、企业投资分析、财务状况和财务成果形成原因分析。

2. 流动性分析和收益性分析

财务分析根据分析的目的不同，可分为流动性分析与收益性分析。流动性分析是以资本的周转期为中心进行的分析，侧重于企业资本活动方面的分析。它可以反映企业资本的安全性，并进而在一定程度上反映出企业的偿债能力。收益性分析的目的是判断企业有多大程度的可获取利润的能力。如果企业进行正常的生产经营活动，其结果必然表现出良好的收益性和较强的偿债能力。

3. 财务的综合分析

财务的综合分析主要是对资产负债表、利润表和现金流量表的增减变化和趋势进行分析。报表中反映出来的种种比例关系，则应由流动性分析、收益性分析等内容解决。

一般认为，资产负债表表示企业的财务状态，利润表表示企业的经营成绩，现金流量表则反映企业现金流量的结构和趋势，进而反映企业的偿债能力和支付能力。三个方面的综合分析，就构成了财务分析的重要内容

2.1.3 企业经营目的

企业经营是利用一定的经济资源，通过向社会提供产品和服务，获取利润，其目的是股东权益最大化。经营者要牢牢记住这句话。这是一切行动的指南。

企业的资本构成有两个来源，即负债和权益。负债分为长期负债和短期负债。权益一部分是指企业创建之初时，所有股东的集资，即股东资本（这个数字是不会变的），还有一部分是未分配利润。

在企业筹集资本之后，进而采购厂房和设备、引进生产线、购买原材料、生产加工产品，余下的资本（资金）就是企业的流动资金了。可以说，企业的资产就是资本转化过来的，而且是等值地转化。所以资产负债表左边与右边一定是相等的。通俗地讲，资产就是企业的"钱"用在了哪些地方，资本就是这"钱"属于谁，两者从价值上讲必然是相等的。

企业在经营中产生的利润当然归股东所有，如果股东不分配利润而将其参与到企业下一年的经营中，就形成未分配利润。这自然可以看成股东的投资，成为权益的重要组成部分。

企业的经营目的是股东权益最大化，权益的来源只有一个，即净利润。净利润来自销售额，但销售额不全都是利润。因为企业在拿回销售款之前，必须采购原材料，支付工人工资以及其他生产加工必需的费用。当企业把产品卖掉，拿回销售款时，要抵扣掉直接成本，还要抵扣掉企业为形成这些销售支付的各种费用，包括产品研发费用、广告投入费用、市场开拓费用、设备维修费用、管理费等。这些费用也是在拿到收入前已经支付的。另外，机器设备在生产运作后会贬值，这部分损失应当从销售额中得到补偿，这就是折旧。经过三个方面的抵扣之后，剩下的部分归三方所有。首先，企业需要缴纳税收；其次，企业运营中向银行贷款需要支付利息，即支付财务费用；最后，剩余的净利润才是股东的。

2.1.4 企业财务活动

在 ERP 沙盘模拟实训过程中，学生会遇到诸如企业融资、投资、成本核算等一系列的财务管理活动。因此，有必要对财务管理的有关知识进行讲述，让学生了解实训过程中的财务管理过程。

财务管理是组织企业财务活动、处理财务关系的一项经济管理工作。因此，要了解什么是财务管理，必须从企业的财务活动和财务关系着手进行分析。因为 ERP 沙盘模拟实训涉及的企业财务关系不是很突出，这里重点对企业的财务活动进行分析。

企业财务活动是以现金收支为主的企业资金收支活动的总称。在市场经济条件下，企业拥有一定数额的资金，是进行生产经营活动的必要条件。企业的生产经营过程，一方面表现为物资的不断购进和售出；另一方面则表现为资金的支出和收回。企业的经营活动不断进行，也就会不断产生资金的收支。企业资金的收支构成了企业经营活动的一个独立的方面，即企业的财务活动。它包括三个方面：企业融资引起的财务活动、企业投资和经营引起的财务活动、企业收益引起的财务活动。

1. 企业融资引起的财务活动

资金是企业经营中必不可少的要素，无论是新建企业还是经营中的企业，都需要取得一定数量的资金。因此，融资成为企业的一项重要财务活动。

企业从设立初期到逐步发展壮大往往伴随着巨大的资金需求。对于这种资金的需求，仅仅依靠企业自身资本的原始积累是远远做不到的。因而，企业需要想方设法，通过各种方式去筹措资金获得企业经营所需资本。但是资金的筹集，并不只是简单将资金"拿来"而置企业实际情况于不顾。在筹集资金的过程中，企业首先应当考虑生产中资金量的需求：如果筹资不足，将影响企业经营活动；筹资过多，将造成资金剩余，降低资金使用效益，同时又会增加企业债务负担。在确定了企业所需筹资数量之后，我们还应该注意资本的投放时间，根据企业生产经营实际状况分时分批地投放。这样减少了对资本的占用，提高了资金利用效率。

企业筹措资金是为了企业更好的发展。筹资的具体目的是多种多样的：有为了扩大企业生产规模而筹资；有为了提升产品竞争力而加大研发投入而筹资；有为了偿还到期债务而筹资。企业筹资必须注意如下几点：明晰企业所需资金量，做到筹集资金数量合理；合理利用资金，提高所筹资金利用率；依据企业情况，选择合适的筹资渠道；合理安排资本结构，适度运用负债经营。

企业筹资一般可以分为两类：一类是企业权益资本筹资，即企业通过所有权融资方式获取资金，如发行股票、吸收直接投资等；另一类是企业负债资本筹资，是通过负债融合方式筹措资金，如向银行借款、发行债券等。企业以何种方式去融资应该从企业本身的实际情况出发，做到有的放矢。

2. 企业投资和经营引起的财务活动

筹资不是企业的目的，企业的目的当然是通过对资本的有目的性运用以获取最大的资本效益。因而，投资和资本的运营成为企业有效利用资本追求最大利益的重要环节。

企业投资是指企业以营利为目的的资本性支出。企业在投资过程中，必须科学安排投资规模，找准投资方向，优化投资结构，选择合理的投资方式，提高投资收益，降低投资风险。企业投资按投资的对象分为对内投资和对外投资。企业把筹集到的资金投资于企业内部用于购置固定资产投资、无形资产投资等，形成企业的对内投资；企业把筹集到的资金投资于购买其他企业的股票、债券或与其他企业联营进行投资，便形成企业的对外投资。在项目投资上，财务管理的重点是：在投资项目技术性论证的基础上建立严密的投资程序，运用各种技术分析方法测算投资项目的财务效益，分析投资项目的财务可行性。

企业在正常的经营过程中，会发生一系列的资金收支。首先，企业要采购材料或商品，以便从事生产和销售活动，同时还要支付工资和其他销售费用；其次，企业把产品或商品出售后，便可取得收入，收回资金；最后，如果企业现有资金不能满足企业经营的需求，还要采取短期借款方式来筹集所需资金。上述各方面都会产生企业资金的收支。这属于企业经营引起的财务活动。

3. 企业收益引起的财务活动

企业在生产经营过程中会产生利润，也可能会因对外投资而分得利润，实现资本的保值和增值。企业的利润分配是企业一次资本运作过程的终点，又是下一次资本运作过程的起点，是两次资本运作之间的连接桥梁，是企业资本不断循环周转的重要条件。资本收益分配是多层次的，首先要依法纳税；其次要用来弥补亏损，提取公积金、公益金；最后要向投资者分配利润。

在资本分配过程中的财务管理需要处理好留存收益和分配股利的关系，在保证企业可持续发展的同时，兼顾股东、债权人等相关方的利益。

2.1.4.1 成本核算

成本是企业生产经营过程中所耗费的经济资源。

1. 按经济内容分类

（1）外购材料，指企业为进行生产经营而耗用的一切从外单位购进的原材料及主要材料、半成品、辅助材料、包装物、修理用设备和低值易耗品等。

（2）外购燃料，指企业为进行生产经营而耗用的一切从外单位购进的各种固体、液体和气体燃料。

（3）外购动力，指企业为进行生产经营而耗用的一切从外单位购进的各种动力。

（4）工资，指企业应计入产品成本和期间费用的职工工资。

（5）提取的职工福利，指企业根据规定按工资总额的一定比例计提的、应计入产品成本和期间费用的职工福利费。

（6）折旧费，指企业按照规定的固定资产折旧方法计算提取的折旧费用。

（7）利息支出，指企业应计入企业管理费用的各种税金，如房产税、车船税等。

（8）其他支出，指不属于以上各要素但应计入产品成本或期间费用的费用支出，如差旅费、租赁费、外部加工费以及保险费等。

以上经营成本的各要素称为"费用要素"。按照费用要素反映的费用称为"要素费用"。

2. 按经济用途分类

工业企业在生产经营中发生的费用，首先可以分为计入产品成本的生产费用和直接计入当期损益的期间费用两类。下边分别讲述这两类费用按照经济用途的分类。

（1）生产费用按经济用途分类

① 直接材料，指直接用于产品生产、构成产品实体的原材料、主要材料以及有助于产品形成的辅助材料费用。

② 燃料及动力，也称直接燃料及动力，指直接用于产品生产的各种燃料和动力费用。

③ 直接人工，指直接参加产品生产的工人工资及福利费。

④ 制造费用，指间接用于生产的各项费用，以及虽直接用于产品生产，但不便于直接计入成品成本，因而没有专设成本项目的费用。

（2）期间费用按经济用途分类

① 销售费用，指企业在产品销售过程中发生的费用，以及为销售本企业产品而设立的专业销售机构的各项经费。

② 管理费用，指企业为组织和管理企业生产经营所发生的各项费用。

③ 财务费用，指企业为筹集生产所需资金而发生的各项费用。

2.1.4.2 成本核算过程

成本核算的一般程序是对企业在生产经营过程中发生的各项费用，按照成本核算的要求，逐步进行归集和分配，最后计算出各种产品的成本和各项期间费用的基本过程。据此分析，可将成本核算的一般程序归纳如下：

（1）对企业的各项支出进行严格的审核和控制，并按照国家的有关规定确定其应否计入产品成本、期间费用，以及应计入产品成本还是期间费用。也就是说，要在对各项支出的合理性、合法性进行严格审核、控制的基础上，做好前述费用界限划分的工作。

（2）正确处理费用的跨期摊提工作，包括：将本月实际支出而应该留待以后月份摊销的费用，记作待摊费用；将以前月份开支的待摊费用中应由本月负担的份额，摊入本月的成本；将本月尚未开支但应由本月负担的费用，预提计入本月的成本。

（3）将应计入本月产品成本的各项生产费用，在各种产品之间按照成本项目进行分配和归集，计算出按成本项目反映的各种产品的成本。这就是本月生产费用在各产品之间的横向分配和归集。

（4）对于月末既有完工产品又有在产品的产品，将该种产品的生产费用（月初在产品生产费用与本月生产费用之和），在完工产品与月末在产品之间进行分配，计算出该种产品的完工产品成本和月末在产品成本。这是生产费用在同种产品的完工产品与月末在产品之间的纵向分配和归集。

2.1.4.3 现金使用预算

企业根据自己的需要筹集到资金后，接下来面临的就是怎样合理使用资金的问题。这就需要编制资金使用计划，做好现金预算。现金预算作为企业全面预算的一个重要部分，是与企业生产预算、销售预算、成本预算等互相联系的。现金预算的内容包括现金收入、现金支出、现金多余或不足的计算，以及不足部分的筹措方案和多余部分的利用方案等。从现金预算的内容可以看出，其实现金预算是对其他预算中关系到现金收支部分的汇总，以及收支差额平衡措施的详细计划。它的编制要以其他各项预算为基础，或者说其他预算在编制时要为现金预算做好数据准备。

1. 销售预算

销售预算是整个预算的编制起点，其他预算的编制都以销售预算作为基础。销售预算包括销量、单价和销售收入。销售预算通常还包括预计现金收入的计算。

2. 生产预算

生产预算是在销售预算基础上编制的，其主要内容有销售量、期初和期末存货、生产量。一般来说，企业在经营过程中不可能做到生产多少产品就销售多少，需要预留一定的存货，以保证意外情况发生时能及时供货，同时还可以平衡生产，节省赶工的额外支出。

3. 直接材料预算

直接材料预算是以生产预算为基础编制的，同时要考虑原材料存货水平。

$$预计采购量＝生产需要量＋期末存量－期初存量$$

为了便于以后编制现金预算，通常要预计各季度材料采购的现金支出。每个季度的现金支出包括偿还到期应付账款和本期应支付的采购货款。

4. 直接人工预算

直接人工预算包括预计产量、单位产品工时、总工时、每小时工人成本和人工总成本。

5. 制造费用预算

制造费用预算通常分为变动制造费用和固定制造费用。变动制造费用是以生产预算为基础来编制的。固定制造费用需要逐项进行预算。一般来说固定制造费用与本期产量无关。它是按每季度实际需要的支付额预计，然后计算出全年数。

6. 产品成本预算

产品成本预算是对生产预算、直接材料预算、直接人工预算、制造费用预算的汇总。其主要内容是产品的单位成本和总成本。产品单位成本是依据直接材料预算、直接人工预算、制造费用预算而求得的。生产量、期末存货量来自生产预算，销售量数据来自销售预算。生产成本、存货成本和销货成本等数据根据单位成本和有关数据得出。

7. 销售及管理费用预算

销售费用预算是指为了实现销售预算所需支付的费用预算。它以销售预算为基础，分析销售收入、销售利润和销售费用的关系，力求实现销售费用的最有效使用。

现金预算由四部分组成，包括现金收入、现金支出、现金多余或不足、资金的筹集和运用。现金预算如表 2.1 所示。

表 2.1 现金预算表

季度	一	二	三	四	全年
期初现金余额					
加：销售现金收入					
可供使用现金					
减：各项支出					
直接材料					
直接人工					
制造费用					
销售及管理费用					
所得税					
购买设备					
股利					
支出合计					
等于：现金多余或不足					
加：向银行借款					
减：还银行借款					
借款利息					
合计					
期末现金余额					

"现金收入"部分包括期初现金余额和预算期现金收入，销售款是其主要来源。"期初现金余额"是在编制预算时预计的。"售货现金收入"的数据来自销售预算。"可供使用现金"是期初余额与本期现金收入之和。

"现金支出"部分包括预算期的各项现金支出。"直接材料""直接人工""制造费用""销售及管理费用"的数据来自有关预算。

"现金多余或不足"部分反映出现金收入合计与现金支出合计的差额。差额为正,表示收入大于支出,现金有多余,可以用来偿还债务,或者用于短期投资。差额为负,表示入不敷出,现金不足,需要借款。

$$借款额 = 最低现金余额 + 现金不足$$

现金预算是以各项营业预算和资本预算为基础的。它能说明各项预算期收入和支出。通过现金预算,相关人员能及时了解企业现金状况,并以此做出相应处理,同时提供现金收支的控制限额,有效发挥现金管理的作用。

2.1.5 ERP 模拟实训中的现金管理

1. ERP 模拟实训当中错误的资金管理思想

在 ERP 模拟实训过程中,我们经常看到许多同学在经营过程中进行大量借贷,以保持充裕的现金;也有同学现金比较多,为了不增加企业财务负担,在整年的经营过程中不进行借贷。几年经营下来,以上几种财务管理方式都导致了后来企业经营困难甚至破产。这些破产的企业甚至拥有大量的现金。

这些情况让学生很茫然。拥有大量现金错了吗?企业为什么会破产?在 ERP 模拟实训当中,企业破产是以有无现金流、企业所有者权益是否为零这两个标准来判断的。在模拟实训中,企业资金如何管理?是越多越好吗?这种想法是错误的。企业资金如果能保证够用的话,现金越少越好。企业资金来源方式不外乎贷款、股东投资以及产品销售回款等。企业如果要拥有大量现金,必然通过以上方式来获得。这都会增加企业负担:通过贷款获得资金必须付出利息;通过股东投资获得资金,企业必须向股东支付红利,因为股东投资是为了获利;通过产品销售占用现金的话,一定会影响以后的生产经营,影响企业后来的盈利。因此,无论哪种情况下企业占用不必要的闲置现金都会对企业将来的发展产生负面的影响。

2. 认清资金和所有者权益的关系

所有者权益和企业资金是两个不同的概念,不能混淆。但是两者之间却有着联系:在短期内,两者是矛盾的,资金越多,付出的资金成本也就越多,会降低所有者权益;长期来看,两者又是统一的,所有者权益越高,企业从银行能借到更多的钱,可以拥有更多的资金进行生产。因此在企业所有者权益较大的时候尽可能多地向银行借款是可行的,但不能盲目,应该在通盘财务预算的基础上进行,否则将徒增企业财务负担,甚至导致企业破产。

3. 做好模拟实训中的资金预算

资金是企业的血液,不能断流。企业一旦资金断流就会面临破产的危险。为了保证企业运营所需的资金,必须做好财务预算。

可以说企业运营的各个环节基本上都涉及资金的进出。涉及资金流入而不损害所有者权益的只有"应收账款"一项，其他的流入项目都会对所有者权益产生负面影响。我们对企业来年运营中所有涉及资金进出的项目列出一个表，就可以形成一个企业资金预算表。我们可以根据这个表判断企业生产所需资金量，同时也可以根据该预算表对企业成本进行合理的控制。将企业资金预算跟开工计划、销售计划、原材料订购计划等综合使用，既能保证各计划的顺利实施，也能有效地控制成本，抑制不必要的浪费发生。企业通过资金的合理安排能有效地利用资源，也能为其他部门的正常运行提供强有力的保障。

2.1.6　ERP 在企业财务管理中的作用

　　ERP 利用集成优势将整个企业的经营活动密切结合，使任何经济活动都在系统中得到实时记录、反映，使企业的财务管理工作发生了根本性的变化，真正做到了事前预算、事中控制、事后准确核算。根据 ERP 当前在我国企业的具体实施状况，ERP 在企业财务管理中发挥的作用主要有以下几点：

　　1. 丰富会计核算功能，使"账房先生"成为"管理者"

　　首先，ERP 在传统会计核算的基础上增加了新的核算功能。ERP 系统中的财务管理子系统不仅将传统的手工计算工作量大大简化，而且增加了更多的核算功能，包含现金管理模块、固定资产核算模块、多币制模块和工资核算模块等。现金管理模块不仅具备对现金、银行存款的基本核算功能，而且具有票据打印、核销、支票查询等功能；固定资产系统提供了折旧自动计算、报废到期统计等功能，更加便于企业的资产管理；工资系统可以自动计算员工工资、保险福利、个人所得税等。这些系统核算的数据都为基本的账务处理提供了原始依据，提高了数据准确性，减少了财务工作量。ERP 系统在成本核算中采用标准成本体系，即按照系统中设置的单位产品的标准成本自动计算出产品的标准成本，按照产品的实际产量计算实际成本，通过固定的计算流程随时得出成本差异的计算结果，生成成本报表，便于财务人员进行成本差异的具体分析，并从以上流程中寻找差异存在的原因，从而及时采取一定的控制和调整措施。由此，其既避免了手工编制报表的繁重工作量，又保证了各种数据来源的唯一性以及数据之间钩稽关系的准确性；减少了大量繁琐的日常核算和核对工作；增强了财务分析的准确度；优化了成本控制流程；为后期项目的成本预算和控制提供了准确的依据。

　　其次，ERP 加强了会计核算的即时性。在 ERP 系统中可以对业务流程进行实时管理。业务一旦发生就立刻直接反映到财务核算中去，实现了业务对财务的即时反映、财务对业务的实时监控。系统中所有模块相互关联。与整个经济业务活动相关的原始信息，都可以通过业务模块的流转最后汇集到财务系统中，减少了财务人员的工作量以及手工记账可能会发生的错误，提高了数据处理的准确度，保证了财务人员可以随时查询、核对业务信息，并且根据业务发展情况进行财务分析、控制和预测。

最后，ERP 使会计人员由原来的"账房先生"转变为企业的"管理、咨询人员"。ERP 管理系统的导入实现了财务工作重心的转移，使其由原来的财务基本核算向财务管理转变。传统的财务管理主要是对"账"的管理，即以核算为主，财务工作主要体现在对会计数据的事后收集和反映，在管理控制和决策支持方面的功能相对较弱。而 ERP 环境下的财务管理则是以会计核算的数据为基础，侧重于计划、预测、分析的管理和控制活动，不再仅仅对财务信息进行事后反映，而是加强实时的财务管理，强调事前计划、事中控制和事后反馈。从而会计人员的职能也有所转变，从以往对数字的计量与记录，转向对信息的加工、再加工、深加工，即侧重于"管理"而非"核算"。因为基本的核算工作已由系统自动完成，会计人员的工作更多的是对系统计算完成的财务信息进行利用、分析、总结。在条件允许的情况下财务人员可能深入业务部门，利用自己的专业经验、结合业务部门的信息资源为财务管理做出决策分析，充分发挥自己的专业优势和主观能动性，同时可以更好地促使业务与财务部门之间的协调，从而保证管理有效、决策正确。ERP 系统可以使企业在企业内部建立起规范统一、信息共享的财务管理大平台，实现财务共享模式；将财务人员从过去繁杂的手工劳动中解放出来，将更多的精力投入企业的财务"管理"中去，更多地承担起与企业经营管理密切相关的各种分析、决策等多种管理职能；不仅很大程度上弥补了传统会计核算中的缺陷，而且使管理人员依靠这一管理平台，进行更广泛的信息的集成，从而为企业科学决策提供更好的服务。

2. 建立统一平台，实现财务与业务同步管理

下面以金碟 ERP 系统中的采购管理、销售管理、财务管理系统的流程关系为例说明 ERP 系统如何实现财务与业务的同步管理。

(1) 成本管理

如图 2.1 所示，采购、销售业务中的入库、出库管理系统与财务管理中的存货核算是同步进行的。在生成入库单的同时，采购人员会把采购材料的单价、数量及其他一些相关信息录入系统。随着系统的内部关联，财务人员可以从存货核算中调用已经生成的采购信息，依据数量、单价核算存货成本。销售环节生成销售订单的同时，出库信息也会在财务系统中共享，使财务人员随时掌握销售订单的增减变化，准确核算发出存货成本，并利用系统原有的采购信息，及时核算订单的利润情况。可见，各个业务模块的信息资源都构成财务系统中成本管理的一部分，并且保证在业务发生的同时进行实时处理，确保了成本管理的时效性和准确性。

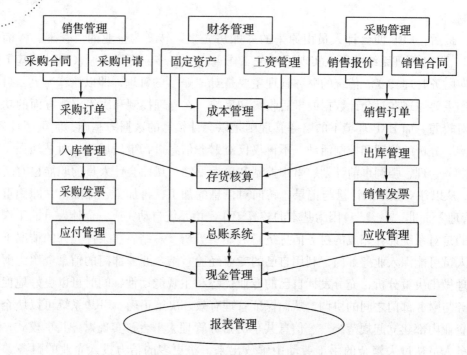

图 2.1　财务业务一体化流程图

按照过去传统的会计核算方式，会计人员根据每日业务部门传递的纸质原始单据做账，月底集中汇总计算本月的成本发生额。这样的核算方式必然存在严重的滞后性，而且往往要花费一定的时间和人力，使业务活动的相关信息只能在部门内部流转，缺乏透明度，与财务管理相互脱离。由于成本核算结果不能实时得出，成本控制工作不能贯穿于生产经营活动的每一个环节，因此计算出来的成本数据难以支持企业管理的正确决策。管理人员往往在业务活动发生以后才能发现前期成本预算存在的问题以及成本管理工作需要改进的方面。因此，传统的会计核算方式使财务管理缺乏前瞻性预测和控制功能，更缺乏对企业的决策支持功能。

在 ERP 中成本管理系统采用一个信息集成的系统来协调、预测、控制和管理企业的成本，所有的成本管理模块都共用一个标准化的流程体系，都共享同一个信息管理平台，强调事前计划、事中控制、事后反馈的统一，采用计划、控制、分析、决策的管理模式。ERP 系统得以实施后，企业的成本管理工作发生了根本性的变化，不仅解决了会计人员核算工作量的问题，提高了数据的精确度，更重要的是在成本管理中使信息管理系统应用的深度和广度都得到了前所未有的拓展，产生了质的飞跃。企业的产、供、销的所有生产经营环节与财务紧密关联，从而实现成本的快速跟踪控制。业务发生的同时，财务人员能实时进行成本核算。系统根据提前设置的流程自动计算得出所需数据和报表，从而使财务人员可以及时精确地对生产流程各环节的成本情况进行差异分析，有针对性地对成本要素进行有效制约和控制，大大提高成本的控制力度。信息的畅通使财务中心不但能即时了解采购、生产、销售的全部过程，而且针对每一个环节的业务，都有相应的反馈和监控，保证了成本核算的准确及时，使业务与财务之间建立起了相互制约和监督的机制。

（2）资金管理

现代企业的资金管理已经不是过去单纯的现金、银行存款的核算，而是渗透于企业经营管理的每一个环节。例如：如何降低采购成本，如何按照资金计划来控制采购标准；如何预计销售回款，如何根据实际收款情况进行资金流量分析；如何降低资金的占用成本、提高资金的使用效率；如何提高融资效率来加快资金的周转速度；如何进行现金流量的预测、分析和管理、控制等。以上问题，全部属于资金管理的范畴。因此资金管理不仅仅局限于出纳岗位，而且关系到企业的各个部门、各个业务环节。ERP 满足了这一管理需求。

仍以图 2.1 为例，从采购、入库、核算到出库、销售，整个过程都与财务的现金管理共享同一个平台，使用同一套数据。采购支出必须按照资金计划来控制，业务发生的同时，财务人员可以生成相应的应收、应付款管理，从而核算现金流量。销售回款信息又为本期流量分析和下期预算编制提供了重要依据。财务人员根据业务的发展情况、公司的决策方向来决定资金的使用和控制，保证资金的流动性以应付到期债务，并能及时、准确地了解企业与客户之间的往来账目情况，根据客户的信誉以及企业的资金政策选择最适合自己的处理方式；业务人员根据资金计划，安排项目付款进度及采购计划，并根据财务部门反馈的信息，完善和提高项目资金的使用效率，有效地降低资金占压成本。由此财务与业务形成了一体化的工作模式，建立了互相监督、互相制约的机制，使系统内信息更加及时、客观，财务数据更加准确、有效。ERP 系统中的资金管理就是基于这种集成环境，为整体经营预算管理提供了科学、准确的依据。

另外 ERP 系统实施后更加优化了资金管理流程，增加了企业与银行间的电子支付、对账功能，使财务人员能随时掌握资金使用情况及未达账项，可以实时、灵活地分析未来现金流量。ERP 系统通过票据管理、现金流量编制等模块，加强了对票据领用、核销等具体情况的监督、控制；使各个岗位的工作互相控制、互相监督，任何一个环节出现漏洞，都可以被及时发现，减少了人为的随意性，降低了主观控制的因素。ERP 管理系统不仅丰富了资金管理的功能，而且形成了科学的管理流程并将其固化在系统中，提高了资金管理的效率，大大地增强了绩效考核和决策的科学性。

（3）财务预算管理

ERP 系统改变了过去各个业务单元独立工作的局面，为企业各级预算编制单位提供了统一的管理平台及编制流程，将业务管理与财务核算集成一体。财务人员可随时利用财务核算的数据结果对企业发生的经济业务进行监控，在下一次经济事项发生之前，能够在历史数据的基础上准确地做好预算工作；能比较分析预算和实际执行情况的差异，做出必要的调整，根据已发生的业务综合考虑公司未来的经营发展状况；可以将预算执行情况、超预算结果等信息按照各分公司、各部门的各业务、产品、各种收入成本费用等进行责任分配，并反映在系统中，便于管理层对预算执行的事前、事中和事后进行实时监控，增强了对经济事项的预算监控能力。并且，由于 ERP 实现了业务与财务工作的实时对接，可靠、精细的会计记录成为预算管理数据的来源，给财务预算提供了有效的支持，保障了预算管理的客观效果和准确程度。

3. 财务管理"透明化""扁平化"

（1）在集团企业中的透明化管理

随着市场竞争的日益激烈，企业的竞争空间和范围也渐渐扩大。为了充分有效地利用市场资源，满足多元化经营的需求，集团化企业的发展逐渐成为趋势。许多企业纷纷成立跨区、跨国分、子公司。在这样的发展趋势下，对企业的管理也提出了更高的要求。企业必须能够解决跨区域、跨国公司之间的独立经营、独立核算问题，统一决策管理的问题。ERP 系统的出现使问题迎刃而解。

传统的财务核算系统中，下级子公司的财务数据只在本级公司报表层得以反映，透明性较差，上级公司不能充分了解其交易事项，使关联交易的数据不能在合并中得到完全反映和充分抵消，从而严重降低了公司整体合并报表数据的准确性和完整性。另外，很多大型集团企业在实行分权管理的同时，由于能力、时间和经验等方面的限制，难以对集团下属的各层级子、分公司实施有效的控制，形成大量的信息孤岛，无法保证对资金流的监管力度，导致资金管理分散、资金周转严重缓慢、资金使用效率过低，由此造成财务决策的时效性差、准确率低。

相对传统的管理模式，ERP 系统最大的优势就是信息共享。ERP 系统能整合企业所有内部资源，在财务与业务之间搭建信息沟通的桥梁，创建起一个信息共享的管理平台，实现财务管理共享模式。ERP 系统在各级子公司以及总部之间统一管理平台具有以下作用：各层级的合并流程在系统中得以固化，上下级公司能够实时了解交易事项的发生和公司核算方法的调整以及政策的变化，各级子公司的资金使用情况、流转结果完全透明地反映在系统中，总公司可以随时提取和监控分、子公司的盈利情况、投资回报、资金的收益等信息，关联交易的发生和抵消情况能够真实并准确地在合并报表中得到反映，保证了财务核算口径的统一和对外报表的准确性、完整性，降低了基层的核算成本，增强了集中管控的力度，避免了信息孤岛的产生。集团总部能自如地掌握集权程度，通过 ERP 做到"集中控制、分散权责"，对各分公司的资金加强监控和管理，使公司实现了聚而不死、分而不散的集权式的资金管理模式，使资金管理工作不再局限于单纯的核算，而是将工作重点集中于财务管理和领导的功能。各级子公司的数据信息被反映在业务的各个运行环节中，公司总部的管理人员可以很轻松地查询、调用、监控，而不需要花费太多的时间去实地查阅下级公司的纸质文件，随时掌握分公司经营情况，大大提高了财务管理的透明度，为管理层的决策提供了客观有力的支持。

在当今全球化经营的趋势下，跨国公司大规模发展，ERP 系统还改善了企业会计核算和财务管理的业务流程，可以提供多币种会计核算的功能，支持跨国公司的报表合并，与 Internet 网络"联手"处理财务信息，为分布在世界各地的分支机构提供一个统一的会计核算和财务管理平台。

（2）信息集中、管理扁平化

随着信息化时代的日益进步，各种生产相关的信息也急剧增大，信息的收集和处理如果不能完整、及时，将会影响整个企业的正常运行。企业的管理已不能够仅仅局限于每个独立的信息系统，管理者必须在信息共享的管理平台上综合掌控来自任何角落的资讯，并将之利用到管理决策当中来。由于管理意识的薄弱或者技术手段的局限性，以往封闭、落后的管理模式使企业的管理决策存在于每个独立的经营环节。财务部门仅能实现财务制度的规范化，保证账簿、凭证数据及逻辑关系的准确性；销售部门只能加强和改善营销管理；库存管理部门只能帮助掌握存货信息。业务的发展存在于财务监控范围之外，财务的分析决策脱离业务的客观实际，最终使企业的整体决策存在很严重的滞后性、不可行性，严重影响企业的经营效益。

ERP 系统相对于传统的管理方式最大的特点就是信息集成化、管理模式扁平化。系统内的管理范围得到了扩展，包含了企业生产经营各个环节的管理控制。其将各个环节组合起来形成严密、高效的管理、控制流程，其中任何一个环节的管理工作都可以从其他环节中及时获取准确、客观的信息，从而有利于本环节的分析和决策。财务管理也不例外，系统将会计核算与业务核算集成为一体。这种模式以会计核算为中心，以业务核算为基础，其业务发展的流程一开始就在财务监控的范围之内，财务核算的数据和管理控制的依据也是以业务为基础，互相钩稽、互相影响、互相监督。例如：成本管理模块中包括有关合同的执行进度、项目总成本的控制情况、产品成本差异分析等信息；销售管理模块中包括客户的基本信息、产品销售的价格、销售回款进度、已销量的百分比等；而财务管理模块中的成本、利润等相关数据就来自以上两个模块。并且其将合同的洽商增加、减少预计发生额和客户的信用情况等信息与财务报表中的数据信息相结合，从而更加有利于前期的预算管理和后期的财务分析。资金管理中现金流量表、项目资金平衡表中数据来源于业务流程中产生的相关记录；资金计划表中项目月度资金收入和支出计划明细均与项目合同管理中的应付、未付款数据相互关联。财务预算的编制和分析相当一部分依据来源于项目发展进度、成本投入情况、合同的签订和履行情况等子系统中提供的数据和信息。可见，ERP 系统在业务与财务之间搭建起了信息沟通的桥梁，使各模块的信息充分集成，随时保持联动。财务人员可以随时全面掌握来自各部门的最新资料；财务系统中的分析预测结果也会有相应的变化，使企业各项经营环节的财务信息都能及时准确地得到反馈。这提高了财务数据的及时性、准确性和完整性；加强了财务管理控制的客观性和有效性。这种集成、关联的信息管理有利于财务做前瞻性分析与预测，从而帮助企业管理层更加有效地对各项财务信息进行监控和管理，为管理层提供更强大的决策支持力度，做到对经营业务的全面分析和预测，应对来自各方面的挑战。

可见，通过有效地利用 ERP 信息集成的特点，企业可以改善内部的财务管理流程，提高资金使用效益，提高生产效率，增强企业管理层决策的有效性，提高企业整体的经营效益。

2.2　企业生产过程管理

ERP 沙盘实训是模拟企业的生产过程管理。它包括生产能力的预算、制订生产计划、生产能力与生产计划的平衡等部分。通过生产过程管理，其生产出符合市场需要的产品，并及时交货，完成订单。

生产过程是社会物质财富消耗的过程，又是创造具有新的价值和使用价值的社会物质财富的过程，是工业企业最基本的活动过程。工业产品的生产过程有广义和狭义之分。广义的产品生产过程是指从生产技术准备开始，直到成品生产出来为止的全部过程。狭义的产品生产过程是指从原材料投入生产开始，直到成品生产出来为止的全部过程。

不同企业中，由于各自的生产技术和生产组织等条件不同，生产过程的形式也不完全相同。例如制造型企业，它的生产过程就与加工装配企业的生产过程有区别。影响企业生产过程的主要因素有：企业的产品特点和工艺特点；企业的生产规模；企业的专业化和协作化水平；企业的多种经营等。

2.2.1　生产运作计划

企业的生产运作计划是企业生产经营计划的重要组成部分，是组织企业生产活动的基础，是编制其他各项计划的重要依据。企业的生产运作计划是决定企业生产经营活动的重要的纲领性计划，因此很多企业把它称为生产大纲。它是根据国家和市场的需求和企业的技术、人力、物资、设备等资源情况，合理地安排企业计划期内生产的产品品种、质量、数量、产值和进度等一系列生产指标以充分满足社会和用户的需要，并实现最佳经济效益。因此，编制好生产运作计划是企业生产管理中一项重要的工作，也是编制好企业物资供应计划、人力资源计划、财务计划等各项计划的重要依据。

1. 生产运作计划分类

企业的生产运作计划按时间划分，可分为中长期生产运作计划、年度生产运作计划和短期生产运作计划。

中长期生产运作计划是企业战略计划的重要组成部分，是企业最高决策层制订的计划，同时也是编制年度生产运作计划的依据。中长期生产运作计划可按 3 年、5 年或 10 年编制。它的主要内容包括：新产品的开发和试制、产品发展方向、生产发展规模、技术发展水平、生产能力水平、销售市场的扩大和生产组织结构的改革等。

年度生产运作计划也称生产大纲，是企业中层管理部门制订的计划。它根据企业的经营目标、利润计划、销售计划的要求，确定企业在现有条件下计划年度内实现的生产目标。它包括企业应当完成的产品品种、产量、质量、产值和生产进度等系列生产指标，同时用图表以及文字进行说明。

短期生产运作计划是年度生产计划的继续和具体化，也称生产作业计划，是由企业执行部门编制的。它将年度生产运作计划中规定的生产任务按月具体分配到各车间、工段、班组以至每个工作地，规定他们在月、旬、周、日以至每个工作班的任务，保证各个生产环节在空间和时间上的衔接和平衡，同时对每个生产环节的任务完成情况进行指导、检查、分析和调整。它具体确定日常生产运作活动的内容，常以主生产计划、物料需求计划、能力需求计划和生产作业计划等来表示。

企业运作计划的三种划分，从宏观到具体，从战略到战术再到作业层，层次分明。它们从时间上，由长到短，从内容上，由粗放到具体。高层次的运作计划为下一层次的计划制订提供了方向性指导，而低层次的运作计划为高层次计划的实现提供了有力的保证。

2. 生产运作计划的指导原则

全局性原则。企业在制订生产计划的时候要坚持局部服从全局、小局服从大局的全局性观点。

效益性原则。企业生产运作计划的制订必须以合理利用资源，降低企业成本，提高企业生产效率，增加企业和社会效益为核心。

科学性原则。企业生产运作计划的制订必须以企业现有的条件为基础，利用科学的方法制订出符合企业实际情况的生产指标。

严肃性和灵活性原则。生产运作计划一经制订就必须严格按照计划要求执行，不能轻易变动，否则将会打乱企业生产运行秩序。但是企业运营环境是在不断变化的，企业生产运作计划有可能出现不足。这个时候就需要企业对计划灵活变动，适当调整以符合发展环境。

3. 生产运作计划的编制步骤

（1）调查研究，收集资料

调查研究的目的主要是摸清三个方面的情况：一是市场对企业产品的需求情况；二是企业外部环境，包括竞争对手的情况、国家政策、国际环境等；三是企业自身内部的情况。企业根据调查收集到这三个方面的情况，同时总结以前计划执行的经验和教训，分析存在的主要问题，制定在本计划贯彻中进行改进的具体措施。

（2）拟订计划指标方案

企业根据市场需要以及企业的经济效益，在统筹安排的基础上提出指标方案，包括：产品的品种、数量、产值等指标的确定；生产进度的合理安排；多产品品种的合理搭配；等等。在制订指标方案的时候应该有多个备选方案，这样有利于从多方案中分析比较，择优选择可行方案。

（3）综合平衡，确定最佳方案

企业对最初的指标方案，必须进行综合平衡、寻求措施、解决矛盾，以使市场需求与企业生产能力和资源都能得到充分的利用，使企业获得良好的经济效益。

（4）编制年度生产运作计划

年度生产运作计划主要包括产品产量计划表、工业产值计划表以及编制说明。

2.2.2　生产运作能力

企业的生产运作能力是指企业直接参与生产的固定资产，在一定时期内，在一定的技术组织条件下，经过综合平衡后，所能生产一类产品的最大数量。这里的固定资产是指企业直接参与生产的各种机器设备、产房、建筑物等固定资产。一定技术组织条件，是指直接参与生产的固定资产正常工作和充分利用条件。企业的生产能力水平是反映企业生产可能性的一项重要指标。在计算企业能力的过程中，必须从最基层开始。根据核算生产运作能力时所依据的条件和生产能力的用途的不同，企业生产运作能力可分为设计能力、查定能力、计划能力（现实能力）三种。

生产运作能力的大小取决于各种因素，可将之归纳为三种：生产中的设备数量和生产面积数量、设备的工作时间总数和生产面积利用时间总数、设备和生产面积的生产率定额。生产中的设备数量和生产面积数量，是根据企业固定资产目录、生产技术说明书，或通过实地调查确定的。设备的工作时间总数和生产面积利用时间总数，与企业规定的工作班次、轮班工作的时间、全年工作日数、设备计划预修制度以及轮班内工人的休息制度有直接关系。设备和生产面积的生产率定额，是核定生产能力最难确定的一项数据，受各种因素的影响很大。生产能力的大小在很大程度上取决于定额水平是否先进合理。

2.2.3　企业生产运作能力与生产任务的平衡

这说明在编制生产运作计划过程中，要进行生产任务与生产运作能力的平衡工作。平衡工作的目的是落实生产任务，并使生产运作能力得到充分利用。进行生产运作能力与生产任务的平衡，首先要进行生产任务与生产运作能力的比较，根据比较的结果，采取相应措施。具体如下：

1. 生产运作能力等于生产任务

这是理想状况，说明完成任务有保证，生产运作计划可落实，生产运作能力又能充分利用。

2. 生产运作能力大于生产任务

这说明生产运作计划完全有能力充分保证，而且生产运作能力还有富余。因此，如果社会对产品有需要，原材料有来源，企业可适当增加任务，以便生产运作能力得到充分利用。

3. 生产运作能力小于生产任务

这说明生产任务尚难落实，企业必须采取有效措施，提高生产运作能力，或者组织外协加工，或者修改计划任务。

2.2.4　生产作业计划

生产作业计划工作是生产计划工作的继续。它由两个部分组成：生产作业计划编制工作和生产作业控制工作。

1. 生产作业计划编制工作

生产作业计划编制工作是根据年、季度生产计划中规定的出产产品品种、数量和期限，以及发展的客观实际，具体安排产品及其零部件在各工艺阶段的生产进度，为企业内部各生产环节安排短期生产任务。

2. 生产作业计划控制工作

生产作业控制工作是在生产作业计划执行过程中进行的控制工作。它通过对生产过程调度和统计，及时发现并解决生产作业计划执行过程中可能出现的问题，保障生产任务能够顺利完成。

3. 生产作业控制的基本内容

（1）确定工艺流程

根据产品的技术要求，结合企业实际的生产技术条件，选择最好的能够保证产品质量、取得最大经济效果的工艺方法和流程。

（2）安排生产进度计划

按照产品的生产周期以及交货的期限要求，在生产能力平衡和资源落实的基础上，确定每种产品的投入与产出和每道工序完成的目标日期，把工作计划落实到具体的每一个人、工作地等。

（3）下达生产指令

根据产品进度计划规定的投入日期，提前下达生产准备指令，及时把设备安装、调整好，做好生产准备工作，然后下达生产指令。

（4）生产进度控制

对生产过程进行全程控制，及时了解产品周转及储存等方面的信息，发现问题，采取措施纠正偏差，保证计划能按时完成。

● 2.3　企业市场营销管理

　　ERP 沙盘模拟企业的市场营销过程。学生依据规则分析市场、发现市场，生产出符合市场需求的产品；同时，通过对市场进行预测和分析，决定新产品的开发和市场的开拓，使企业在竞争中取得优势。

　　市场营销管理是企业为实现其目标，创造、建立并保持与目标市场之间的互利交换关系而进行的分析、计划、执行与控制的过程。它的基本任务就是通过营销调研、计划、执行与控制，来管理目标市场的需求水平、时机和构成，以达到企业目标。简言之，营销管理就是需求管理。

2.3.1　市场营销理念在现代企业管理中的地位

　　市场营销就是企业在一定的市场环境中，在有效的时间、有效的地点、以顾客接受的价格和沟通方式将符合顾客需求的产品卖给企业的目标顾客，并实现顾客的满足与忠诚的过程。在现代经济生活中，企业作为基本的经济组织，是遵循经济分工原则或原理建立和存在的。因此，任何企业都需要同别的组织或个人进行活动交换。企业通过市场营销行为，识别、分析评价、选择和利用市场机会，从满足目标市场顾客需求出发，有计划地组织企业的整体活动，通过交换的方式将产品从企业转向消费者，以实现企业营销目标。

　　现在一种流行的观点认为，企业在市场经济中生存和发展，所依靠的是其竞争能力或竞争实力。处于不同行业中的企业，其技术、组织特征和市场活动方式都是不同的。但是，无论什么企业的竞争能力，都不是由单一因素决定的，而是由多方面因素产生的综合效益决定的，主要包括管理能力、市场营销能力、技术创新能力等方面。营销能力是构成企业竞争能力的中心能力。它上承管理能力形成的成本优势，使之变成利润优势；下载创新能力形成的产品、技术优势，使之成为利润保持和增长的竞争优势。

　　在以市场为导向的企业环境中，客户和消费者的需求就是一切。这对企业的产品从设计、制造一直到推广和销售都会产生很大的影响，各方面的决策都必须跟随市场变化而变化。市场营销观念是第二次世界大战后在美国新的市场形势下产生的，随后传播到日本、西欧等国和地区。它是一种以顾客的需要和欲望为导向的经营哲学。它以整体营销手段来取得顾客的满意，从而实现企业的长远利益。简言之，市场营销观念是"发现需要并设法满足他们"而不是"制造产品并设法卖出去"。在西方，有人把这种经营思想的变革同产业革命相提并论，甚至有人说这是企业经营思想方面的"哥白尼日心说"。虽然未免夸大其词，但这一经营思想的重要性及影响力显然是不容忽视的。

2.3.2　市场营销管理过程

把企业和部门的战略计划与业务单位的计划组成一个整体,制订并执行市场导向的营销战略计划,就构成了企业市场营销管理的整个过程。在这个过程中,企业要千方百计满足消费者的需求、实现企业经营目标并保证企业盈利。实现这些目标,企业需要分步进行。具体地说,市场营销管理过程包括如下步骤:

1. 分析市场机会

企业的生产经营活动与市场是分不开的。企业从市场中获得生存,在市场中获得发展。因而,企业必须重视市场,通过寻找、分析,发现新的市场营销机会,发现新的潜在市场,才能为企业发展确定正确的方向。发现企业今后长期投资的市场机会不是一件容易的事。因此,企业必须做到善于发现和评价各种可利用的市场机会,建立和组织企业的市场营销信息系统;研究和了解营销环境可能发生的变化,及时预测市场变化和长期发展趋势;了解顾客需求,了解市场需求变化。

2. 规划营销战略

企业在选择了目标市场之后,就要为其产品进入该市场做好规划,包括为产品开发制定适当的战略,在目标市场上确定产品定位战略。企业一旦做出了产品定位战略,就要组织产品的开发、测试和投入市场等一系列活动。

3. 发展市场营销组合和决定市场营销预算

市场营销组合是企业为满足目标顾客群体的需要而加以组合的可控制的变量。市场营销战略就是企业根据可能机会选择一个目标市场,并试图为目标市场提供一个有吸引力的市场营销组合。市场营销组合中所概括的营销变量为 4P,即产品(Product)、价格(Price)、地点(Place)和促销(Promotion)。

4. 执行和控制市场营销计划

营销管理过程的最后一个环节就是计划的实施和控制。任何计划都必须付诸实行,否则只是“纸上谈兵”,没有实际意义。而在实施的过程中,我们需要对计划的执行情况予以监督和控制,以便对出现的偏差进行纠正;同时根据市场和企业实际情况对原计划进行修改,使其更符合实际情况。市场营销控制计划包括年度控制计划、利润控制计划、战略控制计划。

2.3.3　新产品开发

新产品的开发对企业具有十分重要的意义。不断创新能给企业带来新的营销机会,促进企业的不断发展。创新是一种挑战,是一种风险,更是一种机遇。创新的关键在于企业要根据市场的需要和自身实力,开发研制满足消费者需要的产品。

1. 新产品开发的必要性

(1) 产品生命周期理论要求企业不断开发新的产品。产品生命周期理论说明,任何产品的生命都是有限的，企业要维持旺盛的生命力必须不断地开发新的产品，以保证企业长期稳定地发展。

（2）消费者需求的变化需要企业不断开发新的产品。随着经济的发展，人们的收入在不断增加，对消费需求、消费结构产生很大的变化。这一变化给企业带来了压力，同时也为企业带来新的生机。因而企业必须紧跟消费行情及时地对自己的产品做出调整，开发新的符合市场需求的产品。

（3）科学技术的发展为新产品开发创造条件。科学技术的发展为企业产品创新创造了条件，新材料、新技术、新工艺的出现，促进了产品的更新换代，有利于企业的发展。

（4）市场竞争的加剧促使企业不断开发新产品。商品经济时代，企业竞争非常激烈。企业要在这样的环境中生存，必须开发更好的、符合市场需求的产品。优胜劣汰的生存法则迫使企业加大对产品的研发。

2. 新产品开发的风险

企业在市场竞争中进行新产品的开发是有风险的。其原因主要有：

（1）市场分析失误。目标市场选择不准，或者对目标市场的需求估计过高；市场调查或者预测不准，信息失真；把握消费需求不准确。

（2）产品本身的缺陷。新产品没有达到设计要求，或者没有特色、性能欠缺等。

（3）开发成本高。新产品开发成本大大超过预算成本，产品投入后不能给企业带来满意的利润。

（4）营销策略失败。在新产品投入市场的过程中，营销组合策略严重失误，造成产品定位偏移、产品价格过高、上市时机不适宜等。

（5）竞争激烈。竞争对手的实力强，竞争激烈，开发成本超出预算；企业在竞争中处于劣势，导致新产品投放市场失败。

● 2.4　企业人力资源管理

在沙盘模拟实训开始之前，学生就需要做好一个准备工作，那就是人员的角色定位。这需要学生对模拟企业的工作进行分析。通过对工作性质的分析，学生能了解各个工作岗位，并对各岗位中职务的特性及相关的职责有所了解。然后，学生通过对该组模拟企业中相关人员进行特质分析，对与工作性质相符的人员一一做出角色定位，即人事安排，达到人与工作的最佳结合，才有利于企业经营。

企业对人力资源的管理越来越受到重视。产生这种现象的原因是多方面的，其中主要是企业认识到了员工的行为表现是企业是否能够达到自己目的的关键。因此人力资源管理对企业的经营成败至关重要。

2.4.1 企业与人力资源管理的关系

企业的生产经营活动离不开人，企业由人构成，也是由人来进行管理的。没有人，企业无法存在；没有优秀的人力资源，企业就不可能生存和发展。企业从建立到发展整个过程中的成功与失败都是与人密切相关的。个人的目标与企业的目标一致性越高，个人和组织双方目标的实现程度就越高；反之，个人的目标与企业的目标一致性越低，个人和组织双方目标的实现程度就越低，不利于企业发展。

1. 人力资源管理对企业发展的重要性

现代企业人力资源管理是以企业人力资源为中心，研究如何实现企业资源的合理配置。它冲破了传统的劳动人事管理的约束，不再把人看作一种技术要素，而是把人看作具有内在的建设性潜力因素、决定企业生存与发展、始终充满生机与活力的特殊资源。它不再把人置于严格的监督和控制之下，而是为他们提供和创造各种条件，使其主观能动性和自身劳动潜力得以充分发挥。它不再容忍人才的浪费和滥用权力造成的士气破坏，而要求企业应像为子孙后代造福而爱护自然资源一样珍惜爱护人力资源。它从以物为中心的管理转向以人为中心的管理，更加重视人力资源的开发，更加重视人力资源的投入，从而提高人力资源的利用程度，实现企业核心竞争力与可持续发展的长远目标。

人才是科技的载体，是科技的发明创造者，是先进科技的运用者和传播者。如果说科技是第一生产力，那么人才就是生产力诸要素中的特殊要素。人才不仅是再生型资源、可持续资源，而且是资本性资源。在现代企业和经济发展中，人才是一种无法估量的资本，一种能给企业带来巨大效益的资本。人才作为资源进行开发是经济发展的必然。企业只有依靠人才智力因素的创新与变革，依靠科技进步，进行有计划的人才资源开发，把人的智慧能力作为一种巨大的资源进行挖掘和利用，才能达到科技进步和经济腾飞。企业必须创造一个适合吸引人才、培养人才的良好环境，建立凭德才上岗、凭业绩取酬、按需要培训的人才资源开发机制，吸引人才，留住人才，满足企业经济发展和竞争对人才的需要，从而实现企业经济快速发展。

2. 企业人才资源的管理

企业人才资源管理的目标是吸引人、培养人、用好人，挖掘潜力，激发活力。企业应紧紧围绕经济发展目标，以人才资源开发为根本任务，从根本上解决人才的开发和利用。

（1）加快建立适应各类人才成长的管理体制。要按市场经济体制的要求，深化企业人事制度改革，加快建立起适应各类人才成长特点的新型人才管理体制。要围绕高素质领导人才、经营管理人才、专业技术人才和技术工人四支队伍建设，建立各具特色的分类管理制度，重视创新型人才、复合型人才的培养和选拔使用，树立重能力、重实绩、重贡献、鼓励创业、鼓励创新、鼓励竞争的用人新理念。

（2）加大对人才教育培训的投入。企业要利用培训和教育功能使企业成为"学习型组织"，着力提高各类人才的创新能力和创造能力。在企业培训工作中应采取高科技和高投入措施，使企业人才资本不断增值。加大对人才培训教育的投资，既能满足企业经济发展的需要，又能满足人才对职业生涯开发及个人能力提高的渴求。这种投资会获得比物质投资更高的回报，而且这种回报具有长效性和超成本性。

（3）提高对人才的激励力度。激励是现代企业人才资源开发的核心。人才资源的潜能能否发挥和能在多大程度上发挥，在一定程度上依赖于企业对人才的激励力度。企业在人才引进、使用中要积极研究个人需求和制度对个人需求满足感的影响以及能产生各种激励作用的机制。制定人才队伍收入待遇及其岗位责任和业绩、贡献挂钩的原则，实行按岗位、按任务、按业绩付酬的分配制度，鼓励技术、管理等生产要素参与收益分配，最大限度地调动人才积极性，最终实现企业经济发展与人才资源开发的双丰收。

2.4.2 人力资源管理的职责和目标

人力资源管理主要研究管理职能中有关人员任用职能的问题。它涉及正确处理企业当中的"人"和"与人有关的事"所需要的观念、理论和技术。人力资源管理不是一组人事管理活动的简单集合，而是要协调地管理企业的人力资源，配合其他资源的利用来实现企业效率和公平的整体目标。人力资源管理有两个主要目标：其广义目标是充分利用企业中的所有资源，使企业的生产率水平达到最高；其狭义目标就是帮助各个部门的直线经理更加有效地管理员工。具体而言就是人事部门通过人事政策的制定和解释，通过忠告和服务来完成这两个目标。人力资源管理的主要内容包括吸引、录用、保持、发展、评价。

2.4.3 人力资源管理过程

1. 工作分析

工作分析是人力资源管理的一个主要环节。工作分析是获得有关工作信息的过程。这些信息包括需要完成的任务方面的信息和有关完成这些任务所需要的人的特点（如教育背景、经验和专业训练等）方面的信息。工作分析，能使人深刻了解工作对员工行为方面的要求，以及什么样的人员适合从事企业中什么样的工作，从而为与工作有关的人事决策奠定坚实的基础。

企业通过工作分析，可以为人力资源管理活动提供信息。企业将每项工作所包含的任务、责任和任职资格以正式文件的形式明确下来，从而保证企业中的每项工作都是按照管理人员的意愿进行分配的，对提高企业的管理效率和实现公正管理都具有重大意义。

工作分析的作用如表2.2所示。

表 2.2   工作分析的作用

招聘和选择员工	发展和评价员工	薪酬政策	工作和组织设计
人力资源计划 识别内部劳动力 市场 招聘 选择 安置 公平就业机会 实际工作概览	工作培训和技能 发展 角色定位 员工前程计划 业绩考核	决定工作的报酬标准 确保同工同酬 确保工作报酬差距公 正合理	工作设计/重新设计 以提高效率和激励 明确权责关系 明确工作群之间的 内在联系

工作分析，使企业的管理人员对工作的性质有了了解，同时也为企业将来的人员招聘提供了依据。工作分析使企业决策者了解了企业发展需要什么样的人才，有利于企业对员工进行针对性的职前教育和培训，建立员工的晋升渠道和职业发展道路。工作分析，有利于企业制定合理的薪酬体系。工作分析信息可以帮助企业明确各项工作之间在技术和管理责任等各个方面的关系，消除盲点，减少重复，提高效率。

2. 人力资源规划

人力资源规划是使企业稳定地拥有一定质量的和必要数量的人力，以实现包括个人利益在内的该组织目标而拟定的一套措施。其目的是求得人员需求量和人员拥有量之间在企业未来发展过程中的相互匹配。

3. 招聘与配置

它是指企业按照经营战略规划的要求把优秀、合适的人招聘进企业，把合适的人放在合适的岗位。

4. 培训与开发

它是指组织通过学习、训导的手段，提高员工的工作能力、知识水平和潜能发挥，最大限度地使员工的个人素质与工作需求相匹配，促进员工工作绩效的提高。

5. 薪酬与福利

它是指给企业制定薪酬体系。如怎样给不同的员工发工资、福利、补贴，要发多少等。

6. 绩效管理

从内涵上说它就是对人及其工作状况进行评价，通过评价体现人在组织中的相对价值或贡献程度。从外延上来讲，它就是企业有目的、有组织地对日常工作中的人进行观察、记录、分析和评价；通过绩效考核来考察员工的工作态度、工作能力、工作业绩等。

7. 员工劳动关系

它是指劳动者和用人单位（包括各类企业、个体工商户、事业单位等）在劳动过程中建立的社会经济关系。它还包括一些档案、合同的管理。

　　企业首先要进行人力资源规划，预计要招聘多少人、招哪些人、招到的人员如何分配等；接下来就是招聘了；招到合适的人之后，就要进行培训；培训结束后就要进行绩效考核了，确定招到的人员是否能成为该企业的合格的员工，分配到哪个部门比较合适。这个过程中企业和员工会签订一个试用期的合同。企业工作人员将合同录入档案。这个就是员工关系管理的内容之一。成为企业的员工后，你的薪酬福利又是如何计算的呢？这也是人力资源管理要涉及的问题。人力资源管理可以有很多事情去做。你可以选择一个你感兴趣的模块，学精就可以了。这都是很专业的知识。学习的过程中要注意结合实际。很多时候，想起来可以，但做起来可就难了，只有经历过才会懂得。

3 ERP 沙盘模拟运营规则及初始状态的设定[①]

ERP 沙盘模拟操作步骤包括规则的认识和了解、沙盘初始状态的设置、初始年的运营、后续年的自主经营。

● 3.1 ERP 沙盘模拟实训的基本规则

在 ERP 沙盘模拟实训操作之前，我们有必要对该实训课程中的有关规则进行了解。"没有规矩，不成方圆"，了解规则、理解规则是该实训课程能否顺利完成的一个关键。下面我们就对此予以介绍。

3.1.1 企业运营流程

企业运营流程须按照经营过程记录表中的流程严格执行。首席执行官（CEO）按照任务清单中指示的顺序发布执行指令。每项任务完成后，CEO 须在任务项目对应的方格中打钩；首席财务官（CFO）在任务项目对应的方格内填写现金收支情况；生产总监在任务项目对应的方格内填写在制品的上线、下线情况；采购总监在任务项目对应的方格内填写原材料的入库、出库情况；销售总监在任务项目对应的方格内填写产成品的入库、出库情况。在运行过程中，有的操作可以随时进行，如表 3.1 所示。

---

① 在本章中，笔者根据多年带实验课程的经验对用友 ERP 沙盘数据及规则进行了部分修改。指导老师可以根据实际情况对规则进行适当的修改，如贷款规则、生产线购买的费用等。

表 3.1 　　　　　　　　　　　　可随时进行的操作流程

任务名称	操作
贴现	企业携带欠款条和财务总监运行记录表，到交易处进行贴现操作，登记相关项目； 将收到的现金记入当季度应收到期任务项目中，并将现费用计入当季的贴现费用项目中
账期为 0Q 的销售订单随时交货	携带产品和销售订单到交易处交货； 领取现金； 将收到的现金数额记入当季度的应收账款到期
借高利贷	携带运行登记表到交易处申请高利贷； 领取现金； 将收到的现金记入当季度短期贷款（高利贷）运行项目下

3.1.2　市场规则

1. 市场开发

市场规则变化莫测，主要反映产品需求量、价格的走势，直接影响每个企业的运营策略。该课程设计了五种市场，分别是本地市场、区域市场、国内市场、亚洲市场、国际市场。在一开始，所有企业都具有在本地市场进行产品销售的权利，而其他市场则需要企业依据自身的情况进行开发。当市场开发完成后，该企业就取得了在该市场上经营的资格，以后就可以在该市场上进行广告宣传，获取客户订单了。市场开发按照表 3.2 所列规定进行。

表 3.2 　　　　　　　　　　　　市场开发

市场	每年投资额	投资周期	全部投资总额	操作
本地	无			直接获得准入证
区域	1M	1 年	1M	将投资放在准入证的位置处；当完成全部投资后，经交易处核准，统一换取相应的市场准入证
国内	1M	2 年	2M	
亚洲	1M	3 年	3M	
国际	1M	4 年	4M	

规则说明：

每个市场开发每年最多投入 1M，允许中断或终止，不允许超前投资。投资时，将 1M 投入"市场准入"的位置处。换取准入证后，将其放在盘面的相应位置处。只有拿到准入证才能参加相应市场的订货会。

2. 市场订单

市场预测是各公司可以信任的客户需求数据。各公司可以根据市场的预测安排经营。

（1）广告费

投入广告费有两个作用，一是获得取得订单的机会，二是判断选单顺序。广告分为产品广告和认证广告。

① 产品广告：投入 1M 产品广告费，可以获得一次取得订单的机会（如果不投产品广告，就没有选单机会），一次机会只允许取得一张订单。如果要获得更多的取得订单的机会，每增加一个机会需要多投入 2M 产品广告费。比如，投入 3M 产品广告费表示有 2 次获得订单的机会，最多可以获得 2 张订单；投入 5M 产品广告费表示有 3 次获得订单的机会，最多可以获得 3 张订单。但要特别注意，只是说有机会获得，并不一定绝对获得订单。

② 认证广告：如果要获取有 ISO 要求的订单，必须获得 ISO 认证资格证书，并且在当年的广告费中投入 ISO 认证的广告费、每市场（注意是每市场而不是每产品，与上面产品广告分产品打广告有区别）打广告相关的认证 1M。要注意打认证广告的时间和资格。ISO 相应的认证没开发出来则不能打此类广告，并且什么时候有 ISO 要求的订单则要根据市场预测图确定。

（2）选单流程

① 各公司将广告费按市场、产品填写在广告登记表中。

② 订货会依照本地、区域、国内、亚洲和国际市场的顺序依次召开。各公司在每个市场中依照 P1、P2、P3 和 P4 的顺序，依次选单。对于已经结束选单的市场或产品，同一年份中，不允许再进行选单。

③ 产品广告确定公司对订单的需求量。

④ 排定选单顺序。选单顺序依据以下顺序原则确定：

● 由上年本市场销售排名第一（即上年本市场所有产品订单销售额总和第一）的市场老大优先选第一张订单。举例：如某企业为区域市场的老大，则该企业拥有区域市场 P1、P2、P3 和 P4 订单的优先选择权，即第一个选 P1、P2、P3 和 P4 产品的第一张订单。

● 按某市场、某一产品上投放的广告费的多少，排定本产品的选单顺序。

● 如果在同一市场、同一个产品上投入的广告费用相同，按照投入本市场的广告费总额（包括 ISO 认证的广告）排定选单顺序。

● 如果该市场广告投入总量也一样，按照上年在该市场各产品订单总额的排名次序，排定选单顺序。

● 如果以上情况仍不能确定选单顺序，由双方协商或抽签确定。

⑤ 按选单顺序分轮次进行选单，有资格的公司在各轮中只能选择一张订单。当第一轮选单完成后，如果还有剩余的订单，还有选单机会的公司可以按选单顺序进

入下一轮选单。

注：公司选择订单时，可以根据能力放弃选择订单的权利；当某一轮放弃了选单后，视为本轮退出本产品的选单，即在本轮中，不得再次选单；对于放弃的机会可以在本市场下一轮选单中使用。

3. 订单分类

订单类型、交货要求及取得订单的资格如表 3.3 所示。

表 3.3　　　　　　　　订单类型、交货要求及取得订单的资格

订单类型	交货时间	取得订单的资格要求
普通订单	本年度 4 个季度运行中任一规定的交货时间	任何企业
ISO9000 订单	本年度 4 个季度运行中任一规定的交货时间	具有 ISO9000 认证资格，并在订单所在市场中当年支付 1M ISO9000（9K）广告费用的企业
ISO14000 订单	本年度 4 个季度运行中任一规定的交货时间	具有 ISO14000 认证资格，并在订单所在市场中当年支付 1M ISO14000（14K）广告费用的企业

注：订单上如有"加急"两个字则表示此订单是加急订单，必须在第一季度交货。

4. 关于订单违约问题

所有订单要求在本年度完成（按订单上的产品数量整单交货）。如果订单没有完成，按下列条款加以处罚：

（1）普通订单，在本年度最后关账前缴纳违约金，并收回订单，按订单销售总额的 20%（即销售总额×0.2 后向下取整）计算违约金。

（2）有违约表现（包括加急订单违约但当年交单）的企业，当年的市场地位均下降一级；如果市场老大违约，则本市场没有市场老大。

3.1.3　企业经营规则

企业经营过程中会遇到以下实际问题：融资；购买、租赁、出售厂房；购买生产线、转产，维修和出售生产线；下原材料订单、购买原材料；开发新产品；研发ISO14000、ISO9000 资格；等等。

1. 厂房的购买、出售和租赁

（1）购买厂房

购买厂房（大厂房为 40M，小厂房为 30M）只能在每年年末规定的时间进行，购买时只需要将等值现金放到厂房价值位置即可。如果厂房中有生产线，购买厂房即可不支付当年的厂房租金，即到缴纳厂房租金的操作时，在购买厂房与缴纳租金

中，只选择一种操作即可。

（2）厂房出售

厂房可以在运行的每个季度规定的时间进行变卖。变卖时，需要财务总监携带运行记录本、"应收账款登记表"和厂房价值（大厂房为40M，小厂房为30M），到交易处进行交易。经核准运作时间后，由交易处收回厂房价值，发放4Q的应收账款欠条，并在"应收账款登记表"中登记。

（3）厂房的租赁

企业可以租赁厂房进行生产，大厂房每年需缴5M租金，小厂房每年需缴3M租金。支付厂房租金的判定条件是：当运行到"支付租金"任务项时，如果厂房中有生产线，则不管其是什么时间投资的，也不管厂房是否是当年出售的，都需要支付租金。如果当年使用过厂房（其中有过生产线），但到最后一个季度将生产线出售了，也就是说运行到"支付租金"项目时，厂房中已经没有生产线了，就不需要缴纳租金。已购买的厂房不需要缴纳租金。

2. 生产线的购买、转产、维修和出售

（1）生产线的购买、转产

为了改变以前实验中出现的企业经营几年就陷入财务困境的状况，特对用友沙盘的一些费用规则进行改变，如对生产线的购置费、转产费、残值等都做了修改，利于课程实验进行。企业在经营初期只有三条生产线，分别是两条手工生产线和一条半自动生产线。企业可以根据自身发展情况决定是否购买新的生产线，或进行转产等活动。具体如表3.4所示。

表3.4　　　　　　　　　生产线的购买、安装、转产

生产线	购置费	安装周期	生产周期	转产费	转产周期	维修费	残值
手工线	5M	无	3Q	无	无	1M/年	1M
半自动线	8M	2Q	2Q	1M	1Q	1M/年	2M
自动线	15M	3Q	1Q	4M	1Q	1M/年	3M
柔性线	20M	4Q	1Q	无	无	1M/年	4M

购买生产线必须按照该生产线安装周期分期投资并安装。以自动生产线安装为例，其操作可按表3.5所示进行。

表3.5　　　　　　　　　自动生产线安装

操作	投资额	安装完成
1Q	5M	启动1期安装
2Q	5M	完成1期安装，启动2期安装
3Q	5M	完成2期安装，启动3期安装
4Q		完成3期安装，生产线建成，此时才可以使用生产线

投资生产线的费用不一定需要连续支付，可以在投资过程中中断投资，也可以在中断投资之后的任何季度继续投资，但必须按照以下投资原则进行操作：

● 一条生产线待最后一期投资到位后，下一季度才算且必须算安装完成，安装完成的生产线当季可以投入使用；

● 生产线安装完成后，必须将投资额放在设备价值处，以证明生产线安装完成；

● 企业之间不允许相互购买生产线，只允许向设备供应商（交易处）购买；

● 生产线一经投资，不允许搬迁移动（包括在同一厂房内的生产线）。

（2）生产线的维护和折旧

必须缴纳维护费的情况：

● 生产线安装完成的当年，不论是否开工生产，都必须缴纳维护费；

● 正在进行转产的生产线也必须缴纳维护费。

免缴维护费的情况：

● 凡已出售的生产线和新购正在安装的生产线不缴纳维护费。

● 每条生产线单独计提折旧，分四年折旧完。

各种生产线每年折旧额的计算如表 3.6 所示。

表 3.6　　　　　　　　　　　　　生产线每年折旧额

生产线	购置费	残值	折旧额				
			建成第 1 年	建成第 2 年	建成第 3 年	建成第 4 年	建成第 5 年
手工线	5M	1M	0	1M	1M	1M	1M
半自动线	8M	2M	0	2M	2M	1M	1M
自动线	15M	3M	0	3M	3M	3M	3M
柔性线	20M	4M	0	4M	4M	4M	4M

完成规定年份的折旧后，生产线可以继续使用，但不用提取折旧。生产线的残值可以保留，直到该生产线变卖为止。当年新建成的生产线不提折旧。

（3）生产线的出售

生产线变卖时，将变卖的生产线的残值放入现金区，如果还有剩余的价值（即没有提完的折旧），将剩余价值放入"其他"费用，记入当年"综合费用"，并将生产线交还给供应商即可完成变卖。

3. 企业的融资

企业间不允许私自融资，在经营期间，只允许向银行贷款。用友软件设计的贷款额度是上年所有者权限的 2 倍。但是根据我们多年的实验情况，2 倍的授信额度太低，不利于课程实验顺利完成。因为很多企业在运营的第二或第三年就由于所有者权益数值太小而贷不到款，只有破产，后几年的实验课程很难继续下去。因此，本书在这里做一些改动，将授信额度改为所有者权益的 3 倍进行放贷。银行贷款的品种如表 3.7 所示。

表 3.7　　　　　　　　　企业贷款规则

类型	额度	利息/年	归还方式
长期贷款（基本贷款单位 20M）	长期贷款和短期贷款的合计数为上年所有者权益的 3 倍	10%	每年年末支付利息，每年年末申请新贷款，到期还本
短期贷款（基本贷款单位 20M）		5%	每季度初申请新贷款，利随本清
高利贷（基本贷款单位 10M）	最多贷 80M	20%	可以随时申请高利贷，高利贷的还款在每季度初进行，利随本清

规则说明：

（1）长期和短期贷款信用额度

长、短期贷款的额度分别为上年所有者权益的 3 倍。长期贷款、短期贷款必须按 20M 的倍数申请。上年所有者权益低于 5M（不包括 5M）的公司，则不能申请任何（长期和短期）贷款。

例 1：某企业上年所有者权益为 26，则上年所有者权益的 3 倍为 78。由于长、短期贷款的基本贷款单位是 20M，则长期贷款与短期贷款的合计数最多为 60M。

例 2：某企业上年所有者权益为 13，则上年所有者权益的 3 倍为 39。由于长、短期贷款的基本贷款单位是 20M，则长期贷款与短期贷款的合计数最多为 20M。

（2）长、短期贷款的时间

长期贷款每年只有一次，即在每年年末（详见运行任务清单）；短期贷款每年有四次，分别为每季度初（详见运行任务清单）。

（3）贷款规则

● 长期贷款每年必须归还利息，到期还本，本利双清后，如果还有贷款额度，才允许重新申请贷款。即企业如果有贷款需要归还，同时还拥有贷款额度，必须先归还到期的全部长期贷款，才能申请新贷款。不能以新长贷还旧长贷（续贷），短期贷款也按本规定执行。

● 结束年时，不要求归还没有到期的长、短期贷款。

● 长期贷款最多可贷 5 年。

● 除最后一年的高利贷，所有类型的贷款不允许提前还款。

（4）高利贷规则

高利贷使用期限为一年（同短期贷款）。高利贷以 10M 为基本贷款单位，最多可以贷 80M。高利贷可以随时申请，即企业在运行过程的任何时间，都可以申请高利贷。但高利贷计息时间为运行当季的短期贷款申请时间，并随短期贷款的更新时间更新。高利贷必须按照短期贷款归还时间进行还本付息。结束年时，要求归还全部高利贷。

凡借入高利贷的企业均按贷 10M 扣减总分 5 分。除最后一年的高利贷，所有贷款不允许提前还贷。

（5）贴现规则

若提前使用应收款，必须按 7∶1 提取贴现费用（相当于 12.5% 的利率）。即从应收账款中取 8M 或 8 的整数倍数的应收账款，7M 或 7 的整数倍数放入现金，其余为贴现费用（只能按 7 的倍数贴现）。只要有足够的应收账款，可以随时贴现（包括次年支付广告费时，使用应收贴现）。

4. 原材料采购

采购原材料需经过下原材料订单和采购入库两个步骤。这两个步骤之间的时间差称为订单提前期。各种原材料提前期如表 3.8 所示。

表 3.8 　　　　　　　　　　　原材料采购

原材料	订单提前期
R1（红色）	1Q
R2（橙色）	1Q
R3（蓝色）	2Q
R4（绿色）	2Q

规则说明：

（1）没有下订单的原材料不能采购入库；

（2）所有下订单的原材料到期必须采购入库；

（3）原材料入库时必须到交易处支付现金购买已到期的原材料。

5. 产品生产

产品原材料、加工费、成本如表 3.9 所示。

表 3.9 　　　　　　　　　　产品原材料、加工费、成本

产品	原材料	原材料价值	加工费（手工/半自动/自动/柔性）	直接生产成本
P1	R1	1M	1M	2M
P2	R1+R2	2M	1M	3M
P3	2R2+R3	3M	1M	4M
P4	R2+R3+2R4	4M	1M	5M

6. 新产品的研发与国际认证体系

（1）产品研发

要想生产某种产品，先要获得该产品的生产许可证。而要获得生产许可证，则必须经过产品研发。P1 产品已经有生产许可证，可以在本地市场进行销售。P2、

P3、P4 产品都需要研发后才能获得生产许可证。研发需要分期投入研发费用。投资规则如表 3.10 所示。

表 3.10　　　　　　　　　　　投资规则

产品	每季度投资金额	完成开发所需投资	最小投资周期	操作说明
P2	1M	4M	4Q	1. 每季度按照投资额将现金放在生产资格位置
P3	1M	6M	6Q	2. 当投资完成后，带所有投资的现金到交易处换取生产许可证
P4	2M	12M	6Q	3. 只有获得生产许可证后才能开工生产该产品

规则说明：

产品研发可以中断或终止，但不允许超前或集中投入。已投资的研发费不能回收。开发过程中，不能生产该产品。

（2）ISO 认证

ISO 认证费用及相关操作如表 3.11 所示。

表 3.11　　　　　　　　　ISO 认证费用及操作

ISO 类型	每年投资金额	完成认证投资	最小投资周期	操作说明
ISO9000	1M	2M	2 年	1. 每年按照投资额将投资放在 ISO 证书位置 2. 当投资完成后，带所有投资到交易处换取 ISO 资格证
ISO14000	1M	3M	3 年	3. 只有获得 ISO 资格证后才能在市场中投入 ISO 广告

规则说明：

ISO 认证需分期投资开发，每年一次，每次 1M。可以中断投资，但不允许集中或超前投资。

7. 破产规则

当所有者权益小于零（资不抵债）或者现金断流时为破产。企业破产后，一般是无法继续经营的。不过我们实训课程的目的主要是让学生了解企业经营管理和运营的方式，所以可以要求学生在总结自己模拟实训过程当中的失误后继续经营。

3.2　ERP 沙盘模拟实训中的角色扮演与人员分工

在 ERP 沙盘模拟实验中，对学生进行合理的角色分配及分工非常重要。ERP 沙盘模拟制造型企业的经营状况设置了不同的角色，并明确各种职位及相关的职责。在实训中，有八组相互竞争的虚拟企业，每个企业由 6~8 名学生组成。在这个企业中，如果一个人的性格特质与其担当的职位相符，那么他（她）能充分地履行其职责，保证实验课程的顺利完成。ERP 沙盘设计了如下角色及其对应的职责：

1. 总经理

在整个 ERP 实训过程中，总经理扮演的角色称职与否是该企业能否获得成功的关键。ERP 实训课程是个团队共同协作的过程，各个环节必须计划周密，既要注意细节，又要有全局观。这是对总经理这个职位上人员特质的一种考验：在管理上，总经理要胆大、心细，决策果断，同时又能很好地协调各部门人员的关系，使企业各部门能成为一个整体运作；在实训过程操作上，总经理控制着整个企业的运作流程。总经理的主要职责：

（1）负责制定发展战略，对企业内外环境进行分析、研究，并决定企业的经营策略；

（2）分析竞争格局，了解对手状况；

（3）管理整个团队协同作战，获取最大的人力资源效应；

（4）综合分析各个部门的预算，决定其可行性；

（5）考评企业经营业绩；

（6）总结生产经营的经验。

2. 财务总监

在模拟实训中，财务管理活动控制着模拟企业的生命源泉——现金流。因而，企业经营状况与财务总监的管理能力有着正相关的联系。财务总监主要承担如下职责：

（1）负责日常财务记账；

（2）提供财务报表；

（3）制定企业融资策略；

（4）控制成本费用；

（5）资金调度与风险管理；

（6）财务分析与协助决策。

3. 营销总监

企业经营的目的，无非就是让自己的产品获得市场的认可，同时获得利润。因而，市场营销总监的任务就是通过获取市场各方面的信息，了解消费者的消费需求，结合企业的生产和研发能力，开发、生产出适合市场需求的产品。其主要承担如下职责：

（1）负责市场调查分析；

（2）市场分析与定位；

（3）制定市场进入策略；

（4）制定新产品研发策略；

（5）制定产品组合策略

（6）制定广告宣传策略；

（7）制订销售计划；

（8）争取订单与谈判；

（9）按合同交货，管理应收款；

（10）研究市场信息，抢占市场，建立并维护市场地位，寻找不同市场的赢利机会。

4. 生产总监

ERP 沙盘是模拟制造型企业的生产经营活动，在整个过程中再现了企业生产中材料的采购、产品的生产与调度、资金的投入等流程。生产总监需要在这个过程中负责产品的研发、生产等各项工作。其职责如下：

（1）负责产品研发管理；

（2）管理体系认证；

（3）固定资产投资；

（4）编制生产计划

（5）平衡生产能力；

（6）生产车间管理；

（7）成品库存管理。

5. 采购总监

在现代制造企业经营中，供应链和物流管理已经成为企业核心竞争力的重要构成部分。采购总监主要负责如下工作：

（1）编制采购计划；

（2）与供应商谈判；

（3）签订采购合同；

（4）到货验收；

（5）仓储管理；

（6）与财务部和生产部协调。

注：各个模拟企业根据实训人员多少可以设置相应岗位的助理人员。

● 3.3　ERP 沙盘初始状态的设定

从资产负债表和利润表两张主要财务报表中虽然可以了解企业的财务状况及经营成果，但不能得到更为细节的内容，如长期借款何时到期，应收账款何时回笼等。为了让大家有一个公平的竞争环境，需要统一设定模拟企业的初始状态。

从资产负债表（见附录）上可以看出，模拟企业总资产为 1.05 亿（模拟货币单位，下同），因此各组目前拥有 105 个单位为 1 百万（M，下同）的币值（灰币）。下面就按照资产负债表上各项目的排列顺序将企业资源分布状况复原到沙盘上。复原的过程中最好请各个角色各司其职，从熟悉本岗工作开始。

3.3.1　流动资产 52M

流动资产包括现金、应收账款、存货等，其中存货又细分为在制品、成品和原材料。

1. 现金 20M

财务总监拿出一满桶灰币（共计 20M）放置于现金库位置。

2. 应收账款 15M

为获得尽可能多的客户，企业一般采用赊销策略，即允许客户在一定期限内缴清货款而不是货到即付款。应收账款是分账期的，由财务总监拿一个空桶，装 15 个灰币，置于应收账款 3 账期位置。

提示：

账期的单位为季度。离现金库最近的为 1 账期，最远的为 4 账期。

3. 在制品 8M

在制品是指处于加工过程中，尚未完工入库的产品。大厂房中有三条手工生产线、一条半自动生产线，每条生产线上各有一个 P1 产品。手工生产线有三个生产周期，靠近原材料库的为第一周期。三条手工生产线上的三个 P1 在制品分别位于第一、二、三周期。半自动生产线有两个生产周期，Pl 在制品位于第一周期。

每个 Pl 产品成本由两部分构成：R1 原材料费 1M 和人工费 1M。取一个空桶放置一个 R1 原材料（红色彩币）和一个人工费（灰币）构成一个 P1 产品。生产总监、采购总监与财务总监配合制作四个 Pl 在制品并摆放到生产线上的相应位置。

4. 成品 6M

P1 成品库中有 3 个成品，每个成品同样由一个 R1 原材料费 1M 和人工费 1M 构成。生产总监、采购总监与财务总监配合制作三个 P1 成品并摆放到 P1 的成品库中。

5. 原材料 3M

Rl 原材料库中有三个原材料，每个价值 1M。采购总监取三个空桶，每个空桶中分别放置一个 R1 原材料，并摆放到 R1 原材料库。

除以上需要明确表示的价值之外，还有已向供应商发出的采购订货。预定 R1 原材料两个。采购总监将两个空桶放置到 R1 原材料订单处。

3.3.2　固定资产 53M

固定资产包括土地及厂房、生产设施等。

1. 大厂房 40M

企业拥有自主厂房——大厂房，价值 40M。财务总监将等值资金用桶装好放置于大厂房价值处。

2. 设备价值 13M

企业创办三年来，已购置了三条手工生产线和一条半自动生产线，扣除折旧，目前手工生产线账面价值为 3M，半自动生产线账面价值为 4M。财务总监取四个空桶，分别置入 3M、3M、3M、4M，并放置于生产线下方的"生产线净值"处。

3.3.3　负债 41M

负债包括短期负债、长期负债及各项应付款。

1. 长期负债 40M

企业有 40M 长期借款，分别于长期借款第四年和第五年到期。我们约定每个空桶代表 20M，财务总监将两个空桶分别置于第四年和第五年位置。

提示：

（1）对长期借款来说，沙盘上的纵列代表年度，离现金库最近的为第 1 年，以此类推。对短期借款来说，沙盘上的纵列代表季度，离现金库最近的为第 1 季度。

（2）如果以高利贷方式融资，可用倒置的空桶表示，于其他货款处放置。

2. 应付款 1M

企业上一年税前利润为 4M，按规定需缴纳 1M 税金。税金是在下一年度缴纳，此时没有对应操作。

3.3.4　所有者权益

企业所有者权益包括股东资本和企业年度净利及利润留存三个部分。

1. 股东资本

企业目前拥有股东资本 50M。

2. 利润留存

目前，企业利润留存为 11M。

3. 年度净利

在本年度，企业净利为3M。

至此，企业初始状态设定完成。

⬤ 3.4 ERP 沙盘初始年的运营

在 ERP 实训开始前，首先由老师带着学生做一遍，老师边做边进行讲解。这样做的目的是让学生对模拟实训过程有进一步的了解，特别是实训规则，为以后学生自己动手熟练操作奠定基础。现在我们讲下初始年的运营过程。

3.4.1 起始年运营流程

3.4.1.1 第一季度流程

1. 新年度规划会议

CEO 主持召开新年度规划会议，为企业的生产经营制定发展战略，或者对企业的既定规划做出调整。该规划会议主要设计的是纲领性的东西，具体的实施计划还需 CEO 与其他部门协商，并将计划分配下去。在起始年，因企业只有 P1 产品生产资格，并只能在本地市场进行销售，所以不具体说明。在规划会议召开完后，财务总监在运行流程表中的"新年度规划会议"后打"√"，以示该流程完成。

2. 参加订货会/登记销售订单

营销总监参加销售会议，并根据企业产品发展战略及企业自身资金、生产能力参与生产订单的竞投标，获取订单。在起始年，各企业投了 1M 的广告费，取得一张产品订单，如表 3.12 所示。

表 3.12　　　　　　　　　　　**产品订单**

第 0 年	本地市场	LP1-1/6
产品数量：6P1 产品单价：5.3 M/个 总金额：32 M 应收账期：2 Q		

3. 登记企业支出

财务总监在自己的流程登记表中"参加订货会/登记销售订单"处记入"-1M"，表示企业支出了 1M，如表 3.13 所示。

表 3.13 参加订货会/登记销售订单记录

新年度规划会议	√			
参加订货会/登记销售订单	−1M			

同时，财务总监按产品订单内容将订单登记表填写好，如表 3.14 所示。

表 3.14 订单登记表

订单号	XXX							合计
市场	本地							
产品	P1							
数量	6							
账期	2Q							
销售额								
成本								
毛利								

4. 制订新年度计划

在这一步，CEO 应要求各部门主管制订出具体的计划，如投资计划、筹资计划、生产计划、研发计划等。完成该步骤后，财务总监负责填写流程，在对应处打"√"。在起始年，我们不做讨论。

5. 支付应付款

在企业初始年设置的时候，企业盈利是 4M，所以应该缴纳税金。该年企业应缴纳 1M 的税金，财务从现金中取出 1M 放到"综合费用"部分的"税金"项目上，表示支付了上年的税金，并在流程表上做记录"−1M"。

6. 季初现金盘点

财务总监对企业现金部分进行盘点并做记录。在起始年，期初设置现金是 20M，支出广告费和税金各 1M，结余 18M，填写 18M。

7. 更新短期贷款/还本付息/申请短期贷款

在这里，财务总监应根据企业的状况及筹资策略的优化而决定是否贷款，并报告给 CEO。而对于已贷款项，到这步应该将贷款账期移动，表明该短期贷款还款期限又近了一个季度。如：在上个流程，短期贷款处于第 4 个账期，今年到了该流程，账期应该朝前移动到第 3 个账期处，表示还有 3 个账期企业就该归还短期贷款了。短期贷款是在每年年末归还，并一次支付利息。财务总监根据企业情况记录短贷信息或还贷信息。在起始年，各个企业不做短期贷款记录。

高利贷不受流程进度制约，可随时借贷，但借贷期只有 1 年。

8. 更新应付款/归还应付款

在该实训过程中一般没有涉及这个项目，因此不用做。财务总监在此处做"×"记录。

9. 原材料入库/更新原材料

原材料入库是指将处于原材料预定处的原材料放入库房，表明原材料已经运到。财务总监依据订购的原材料数量及价格支付款项，并做记录。更新原材料是对在途时间长的原材料，由原来的在途时间往前移动一步，表示在途时间缩短。如 R3、R4 材料，需提前两个季度下订单，则它们的在途时间就有两个季度。更新原材料即将假设处于第二季度的 R3 或 R4 材料移动一步到第一季度，到下一季度就可以入库了。

企业在起始年预定了 2 个 R1 原材料，因此有两个 R1 材料入库。财务总监需向原材料供应商支付 2M 的现金，并做记录"-2M"。

10. 下原材料订单

企业根据自己的生产计划、资金状况决定是否要预定原材料。在起始年每季度下一个原材料订单。采购总监拿一个空桶放在原材料订单处，并用小纸条注明 R1 原材料。财务总监在流程表上填入"√"。

11. 更新生产/完工入库

生产总监将沙盘盘面中生产线上的在制品依次往前推进一格。完工的产品放入成品库中。财务总监在操作流程表对应处打"√"做记录。

12. 投资新生产线/变卖生产线/生产线转产

生产总监根据企业的生产能力和订单状况及财务状况做出是否投资生产线/变卖生产线/生产线转产的计划，并报 CEO。财务总监再根据决定对实施内容中的财务收支情况做出登记。

在起始年不对此项做计划，财务总监在流程表上打"×"。

13. 向其他企业购买原材料/出售原材料

营销总监根据订单情况、企业生产情况以及库存等信息做出是否要购买原材料或出售原材料的计划，并将该计划汇报给 CEO，由他做出决定。财务总监再根据财务收支情况在流程表上登记。在起始年我们不做该项计划。财务总监在此处记"×"。

14. 开始下一批生产

在起始年我们投入产品生产。采购总监从原材料库中取出一个 R1 原材料，放入空桶内；财务总监拿出 1M 现金放入空桶，做成 P1 在制品并交给生产总监；生产总监将 P1 在制品放到生产线中空置处，表示产品上线生产；财务总监在流程表上记录"-1M"。

在该流程中，财务总监、生产总监及采购总监需通力合作，各自履行自己的职责。

15. 更新应收款/应收款收现

在初始年设置了账期为 3Q 的 15M 应收款。在这里我们应该将该应收款朝 2Q 处移动，表明再过 2Q 企业就可以收到现金。财务总监做记录"√"。若账期在此时已经到期，就可以直接将到期的应收款放入现金处，表明收到货款。财务总监在流程表上记录所收到的数额。

16. 出售厂房

企业如果经营状况不理想，无法筹措到资金，可以出售自己的厂房。出售的厂房不能马上变为现金，只能是以应收账款的形式出现。在这里我们不做计划，财务总监在表上做记录"×"。

17. 向其他企业购买成品/出售成品

企业可以根据自己订单完成能力做出是否购买或出售成品的计划。在起始年没有此项业务，财务总监做记录"×"。

18. 按订单交货

营销总监根据成品库库存情况对此流程进行操作。起始年产品数量不够，不能交货，财务总监记录"×"。

19. 产品研发投资

在起始年不对此做计划，财务总监记录"×"。

营销总监应该对市场进行预测、分析，了解产品结构，了解企业竞争状况，制定出产品研发策略，并提交 CEO。

20. 支付行政管理费

实训课程规定，每季度的行政管理费都是 1M。财务总监从现金处取出 1M 放到"综合费用"的"行政管理费"处，并做登记"−1M"。

21. 其他现金收支情况登记

其他现金收支是指企业除流程规定之外的收支。如企业出售原材料，价格高于自己购买原材料的成本，就获得了利益。该高于成本的部分的现金收入就该计入其他现金收入项；反之就计入现金支出项。在这里没有这样的业务，做记录"×"。

22. 现金收入合计

在本季度没有现金收入，财务总监记录"0"。

23. 现金支出合计

本季度共支出 4M，财务总监记录"−4M"。

24. 期末现金对账

财务总监根据期初现金盘点数、现金支出合计、现金收入合计算出期末现金数，并盘点企业现金数量是否与之相符。在本季度，期初现金为 18M，收入为 0，减支出的 4M，得 14M。财务总监在表格对应处填写"14M"。

以上操作过程应全部由 CEO 来控制，操作流程表的内容由财务总监来填写，生产运作由生产总监负责，订单、市场预测等方面由营销总监负责，物流及原材料方面由采购总监负责。各个部门各司其职，同时以 CEO 为中心协调合作，以下同此操作。

3.4.1.2　第二季度流程

本季度将对操作部分进行介绍，而对没做计划的流程予以省略。省略部分的操作可以参考第一季度的操作步骤，依据企业实际情况决定。

1. 季初现金盘点

上季度末现金为 14M，财务总监清点后记录"14M"。

2. 原材料入库/更新原材料

采购总监将上一季度预定的 1 个 R1 原材料放入原材料库；同时财务总监支付 1M 的现金，并在流程记录表上记录"–1M"。

3. 下原材料订单

采购总监拿 1 个空桶放到原材料订单处，并用纸条写上 R1，表示向材料供应商预定了一个 R1 的原材料，表格上记录"√"。

4. 更新生产/完工入库

生产总监将生产线上的在制品依次往前移动一格，将下线的 2 个产品放入成品库。对应表格上记录"√"。

5. 开始下一批生产

采购总监拿两个空桶，在每个桶里各放一个 R1 原材料。财务总监拿出 2M 现金，在每个桶里放 1M，表示加工费用（一个 R1 加 1M 表示一个要生产的 P1 产品），并将两个 P1 产品交给生产总监。生产总监再在生产线上空闲的地方各摆上一个 P1 产品。在表格相应位置记录"–2M"。

6. 更新应收款/应收款收现

财务总监将第二账期的 15M 应收款向前移动一步，在表格内记录"√"。

7. 按订单交货

库存有 6 个 P1 产品，可以按照订单要求交货了。营销总监负责交货，并取得 15M 的应收账款，将款放到应收款第二账期位置。在流程表格内做记录"√"。

8. 支付行政管理费

财务总监取 1M 放到综合费用的行政管理费区域，并做记录"–1M"。

9. 现金收入合计

本期没有现金收入，记录为 0。

10. 现金支出合计

财务总监计算本期的支出，合计为 4M，记录为"–4M"。

11. 期末现金对账

财务总监计算现金，并清点是否与现金相符。本期期初现金盘点为 14M，收入为 0，减支出 4M，剩余 10M，记录"10M"。

3.4.1.3　第三季度流程

1．季初现金盘点

财务总监清点现金数量为 10M，记录"10M"。

2．原材料入库/更新原材料

采购总监将上一期下的一个 R1 原材料订单放入原材料库；财务总监支付 1M 现金，在表格处记录"-1M"。

3．下原材料订单

采购总监拿一个空桶放到原材料订单处，并用纸条写上 R1，在表格上记录"√"。

4．更新生产/完工入库

生产总监将生产线上的在制品依次向前移动一格，将完工产品放到成品库，在表格上记录"√"。

5．开始下一批生产

生产总监拿一个空桶，采购总监在桶里放一个 R1 原材料，财务总监拿 1M 现金放入桶里，制成一个 P1 产品，放到空置的生产线上。做记录"-1M"。

6．更新应收款/应收款收现

财务总监将第一期 15M 的应收款放到现金处，并将处于第二账期的 32M 应收款移到第一账期位置，做记录"15M"。

7．支付行政管理费

财务总监拿出 1M 放到行政管理费处，做记录"-1M"。

8．现金收入合计

财务总监计算本期现金收入共 15M，记录"15M"。

9．现金支出合计

财务总监计算现金支出。本期共支出 3M，记录"-3M"。

10．期末现金盘点

财务总监根据收入、支出、期初现金计算现金数，并与实际的现金数核对。本期现金数为 22M，记录"22M"。

3.4.1.4　第四季度流程

1．季初现金盘点

财务总监记录季初现金数"22M"。

2．原材料入库/更新原材料

采购总监将上期预定的一个 R1 原材料放入原材料库；财务总监支出 1M，记录"-1M"。

3．下原材料订单

采购总监拿一个空桶，在纸条上写上 R1 原材料，放入桶里，做记录"√"。

4. 更新生产/完工入库

生产总监将生产线上的在制品依次移动一格，将完工产品放入库房，记录"√"。

5. 开始下一批生产

采购总监和财务总监一起做一个 P1 产品，交给生产总监放到空闲的生产线上，记录"-2M"。

6. 更新应收款/应收款收现

财务总监将处于第一账期的 32M 应收款放到现金处，并做记录"32M"。

7. 支付行政管理费

财务总监取出 1M 现金放入行政管理费用处，记录"-1M"。

8. 支付利息/更新长期贷款/申请长期贷款

将现有的长期贷款向现金方向移动一格，代表 1 年；若有移出的表示应该归还贷款，同时支付利息。具体是将处于第四账期的长期贷款移到第三账期，将处于第五账期的长期贷款移到第四账期。长期贷款每年年末需支付利息。本企业长期贷款为 40M，所以支付 4M。财务总监拿出 4M 现金放到综合费用的利息处，记录"-4M"。

9. 支付设备维护费

每年年末要支付设备维护费，每条生产线是 1M。本企业有四条生产线，故支付 4M。财务总监拿出 4M 现金放到综合费用的维护费处，记录"-4M"。

10. 支付租金/购买厂房

企业根据自己的情况决定是否购买厂房，对已经出售的厂房，企业如进行生产必须租赁厂房，并于每年年末支付租金。本期没有此项业务，记录为"×"。

11. 计提折旧

企业设备在运行时有损耗，因此该计提折旧。依规则每条生产线折旧按照净值的 1/3 取整。因此，财务总监在每条生产线的净值桶里各拿出一个币，放入综合费用的折旧位置，并记录"-4M"。由于该费用不是从现金部分支出的，故做记录"4M"。

12. 新市场开拓/ISO 资格认证投资

本期没有此计划，不做操作，记录"×"。企业可以根据自身情况做相应计划，并做记录。

13. 结账

一年经营结束后，年终将进行一次盘点，编制综合管理费用明细表、资产负债表、利润表。一经结账后，本年度的经营即告结束，所有数据不能随意变动。结账后，在表格处做记录"√"。

14. 现金收入合计

财务总监计算本期现金收入共 32M，做记录"32M"。

15. 现金支出合计

财务总监计算本期现金支出共 12M，做记录"-12M"。

16. 期末现金对账

财务总监计算期末现金数，并与实际现金核对。本年年末记录"42M"。

3.4.2 起始年的经营记录

起始年的经营记录如表 3.15 所示。

表 3.15   起始年操作流程登记表

新年度规划会议	√			
参加订货会/登记销售订单	-1M			
制订新年度计划	√			
支付应付税	-1M			
季初现金盘点（请填余额）	18M	14M	10M	22M
更新短期贷款/还本付息/申请短期贷款（高利贷）	×	×	×	×
更新应付款/归还应付款	×	×	×	×
原材料入库/更新原材料	-2M	-1M	-1M	-1M
下原材料订单	√	√	√	√
更新生产/完工入库	√	√	√	√
投资新生产线/变卖生产线/生产线转产	×	×	×	×
向其他企业购买原材料/出售原材料	×	×	×	×
开始下一批生产	-1M	-2M	-1M	-2M
更新应收款/应收款收现	√	√	15M	32M
出售厂房	×	×	×	×
向其他企业购买成品/出售成品	×	×	×	×
按订单交货	×	√	×	×
产品研发投资	×	×	×	×
支付行政管理费	-1M	-1M	-1M	-1M
其他现金收支情况登记	×	×	×	×
支付利息/更新长期贷款/申请长期贷款				-4M
支付设备维护费				-4M
支付租金/购买厂房				×
计提折旧				(4M)

表3.15(续)

新年度规划会议	√			
新市场开拓/ISO 资格认证投资				×
结账				√
现金收入合计	0	0	15M	32M
现金支出合计	−4M	−4M	−3M	−12M
期末现金对账（请填余额）	14M	10M	22M	42M

填写全年商品核算统计表，如表 3.16 所示。

表 3.16　　　　　商品核算统计表

	P1	P2	P3	P4	合计
数量	6				6
销售额	32M				32M
成本	12M				12M
毛利	20M				20M

填写全年费用明细表，如表 3.17 所示。

表 3.17　　　　　费用明细表　　　　单位：百万元

项目	金额	备注
管理费	4	
广告费	1	
维修费	4	
租金		
转产费		
市场准入开拓		□区域　□国内　□亚洲　□国际
ISO 资格认证		□ISO900　　□ISO14000
产品研发		P2（　）　P3（　）　P4（　）
其他		
合计	9	

编制本年利润表，如表 3.18 所示。

3 ERP 沙盘模拟运营规则及初始状态的设定

表 3.18　　　　　　　　　　　利润表

编制单位：　　　　　　　　　　年　月　　　　　　　　　单位：百万元

项目	本期金额	上期金额
一、营业收入	32	
减：营业成本	20	
营业税金及附加		
销售费用	1	
管理费用	4	
财务费用	4	
资产减值损失		
加：公允价值变动收益（损失以"-"号填列）		
投资收益（损失以"-"号填列）		
其中：对联营企业和合营企业的投资收益		
二、营业利润（亏损以"-"号填列）	3	
加：营业外收入		
减：营业外支出		
其中：非流动资产处置损失		
三、利润总额（亏损总额以"-"号填列）		
减：所得税费用	1	
四、净利润（净亏损以"-"号填列）	2	
五、每股收益：		
（一）基本每股收益		
（二）稀释每股收益		

编制本年资产负债表，如表 3.19 所示。

表 3.19　　　　　　　　　　　资产负债表

编制单位：　　　　　　　　　　年　月　日　　　　　　　　单位：百万元

资产	期末余额	年初余额	负债和所有者权益（或股东权益）	期末余额	年初余额
流动资产：			流动负债：		
货币资金	42		短期借款		
交易性金融资产			交易性金融负债		
应收票据			应付票据		

表3.19(续)

资产	期末余额	年初余额	负债和所有者权益 (或股东权益)	期末余额	年初余额
应收账款			应付账款		
预付款项			预收款项		
应收利息			应付职工薪酬		
应收股利			应交税费	1	
其他应收款			应付利息		
存货	16		应付股利		
一年内到期的非流动资产			其他应付款		
其他流动资产			一年内到期的非流动负债		
流动资产合计	58		其他流动负债		
非流动资产:			流动负债合计	1	
可供出售金融资产			非流动负债:		
持有至到期投资			长期借款	40	
长期应收款			应付债券		
长期股权投资			长期应付款		
投资性房地产			专项应付款		
固定资产	49		预计负债		
在建工程			递延所得税负债		
工程物资			其他非流动负债		
固定资产清理			非流动负债合计	40	
生产性生物资产			负债合计	41	
油气资产			所有者权益(或股东权益):		
无形资产			实收资本 (或股本)	50	
开发支出			资本公积		
商誉			减:库存股		
长期待摊费用			盈余公积		
递延所得税资产			未分配利润	16	14
其他非流动资产			所有者权益(或股东权益)合计	66	
非流动资产合计	49				
资产总计	107		负债和所有者权益 (或股东权益)总计	107	

3 ERP 沙盘模拟运营规则及初始状态的设定

经过初始年的运营，企业盘面状态如下：

1. 流动资产（58M）

（1）现金 42M；

（2）在制品 4 个 P1，8M；

（3）P1 成品 3 个，6M；

（4）2 个 R1 原材料，2M；

（5）预定一个 R1 原材料。

2. 固定资产（49M）

（1）大厂房 40M；

（2）设备价值 9M（三条手工生产线，一条半自动生产线，各自价值分别为 2M、2M、2M、3M）。

3. 负债（41M）

（1）长期负债 40M（分别置于第三年和第四年位置）；

（2）应付款 1M（税金下一年度缴纳，盘面上没有相对应的显示，只在资产负债表中可以看到）；

起始年运行完毕，从一年开始以后的年份都由学生自己动手操作了。

4 ERP 沙盘模拟实训过程中的技术分析

在沙盘模拟实训中，要想使企业在竞争中获取优势，同时取得好的经营成果，企业中的整个团队必须通力合作，并且在经营的各个过程要有计划、有步骤地开展工作。因而，有必要对经营中的有关环节进行数据分析，以求得计划实施的最佳效果，获取企业经营的最大利益。在本章，我们将对实训中的有关环节进行分析。

🌑 4.1 ERP 沙盘模拟实训中的财务分析

企业实际运营的关键环节在 ERP 沙盘模拟经营过程中均有所体现，诸如战略规划、市场营销、生产组织、采购管理、库存管理、财务管理等环节。其中，财务管理是企业运营管理的命脉。企业经营者需要熟练运用财务管理策略。在 ERP 沙盘模拟比赛中，所有者权益为负的企业将被迫宣布破产，现金断流的企业则直接退出比赛。所以作为财务总监，其首要任务就是实现对所有者权益的控制，保证现金流的正常运转。财务管理能够帮助模拟企业经营的参与者随时发现企业经营中的问题，通过财务指标来发现各个经营环节中需要改进的地方。在财务管理中，财务预算是一项很重要的工作。预算可以有效帮助经营者制订未来一段时期内的生产运营计划，并且可以预测企业对长短、期债务的偿还能力，最终直接反映方案是否可行。预算不单单指经营初期的方案制订，而且在每一期结束后都要对下一期做出正确的评估预测。这其中涉及下一期的最大广告额度、原材料采购的上限、能否扩线扩产、每个季度的安全销售额、每期末需要保证多少毛利才能保证企业稳步发展等。

4 ERP 沙盘模拟实训过程中的技术分析

在 ERP 沙盘模拟实训课程中,由于缺乏必要的财务管理的依据,参与者大多重视市场开发和产品营销而忽视财务数据分析;在涉及模拟企业重大生产经营决策特别是财务决策中缺少判断标准和理论模型,盲目草率得出结论,片面追求利润最大化,忽略财务综合指标分析。而财务分析有利于参与者了解模拟企业经营的全局,帮助参与者预估长、短期资金需求,帮助参与者确定筹资方式。参与者通过科学的、有依据的财务数据来论证决策的可行性与实际效果,将实现从感性认识到理性认识的提升。

4.1.1 企业融资分析

融资策略不仅直接关系到企业财务费用的多少,更重要的是影响着企业的资金流。企业在运营过程中,对资金的需求量非常大。财务总监应该对企业的现金流状况有着清醒的认识。在企业现金不足的情况下,如何有效地利用融资渠道获取企业发展所需要的资金并发挥资金的最大功效,是财务总监应该考虑的。

在分析融资策略之前,我们必须弄清楚的一点就是我们融资的目的。企业融资的目的很明确,那就是赚钱!我们要用借来的钱赚取比支出的利息更多的钱。这意味着我们借的钱越多,赚的钱也就越多。这也就是财务管理当中利率的财务杠杆作用。因而融资方式能促进企业发展,反之就不利于企业发展。

企业发展需要多少资金,如何计算融资额?这涉及融资规模的问题。财务总监需要认真考虑这一问题。财务总监应该收集企业发展中各个部门的资金进出情况,包括生产总监提供的生产计划、产品研发投资计划、营销总监的市场开拓计划、销售计划及新产品研发计划、企业的盈利能力、企业负债情况等各方面的信息进行综合分析,计算出企业正常生产经营所需要的资金规模。

在确定融资规模之后,财务总监需要考虑的就是融资策略。ERP 沙盘模拟实训中主要提供了长期贷款、短期贷款和高利贷三种银行放贷形式。因而,企业的财务主管就必须清楚三种融资渠道的优劣,并依据企业的还贷能力、负债情况、生产能力等情况,决定是采取单一的融资方式还是多渠道相互组合的形式进行融资。三种融资方式的优缺点如下:

1. 长期贷款

长期贷款的优点:

(1) 贷款期限长,贷款期限是 1 年以上,最长为 5 年;

(2) 长期贷款是在每年年末支付利息,到期还本;

长期贷款的缺点:

(1) 贷款只能在年末进行,获取贷款的机会有限;

(2) 贷款成本比短期贷款高,一般长期贷款的利息为 10%。

2. 短期贷款

短期贷款的优点:

（1）获得短期贷款的机会多，每季度初都可以贷款；

（2）贷款成本比较低，利息为 5%。

短期贷款的缺点：

（1）短期贷款期限短，只有 1 年；

（2）短期贷款在每年到期时必须一次性归还本金，同时还需交付利息。

3. 高利贷

高利贷的优点：

贷款时间灵活，一年中任何时候都可以贷款。

高利贷的缺点：

（1）贷款期限短，只有 1 年，利随本清；

（2）贷款利息比长期贷款、短期贷款高，为 20%。

4. 其他融资渠道

ERP 沙盘模拟实训还提供了应收账款贴现的融资方式。贴现比例是 6∶1，我们在实际执行的是以 7∶1（相当于 12.5% 的利率）的比率进行贴现的。这样给实训课程学生较为宽松的融资环境，有利于模拟企业经营。每一期的经营过程中，会出现全额贷款也无法避免资金为负或者资金为零的情况。这时经营者可以通过应收款贴现提前获得资金，进而使得企业避免断流。在应收款贴现过程中，财务总监（CFO）需要注意避免循环贴现，有时为了减少贴现利息而只贴现 1 期和 2 期的应收款。这样有可能造成不断的贴现才满足现金流正常运作。同时还要注意避免贴现未交货的订单而造成决策错误。

通过对以上几种筹资渠道的优劣进行分析之后，财务总监就应该根据企业自身的实际情况决定筹资的方式。怎样的融资渠道是合理的？通常而言，长期贷款是用来做长期投资的，例如购买生产线、扩大经营规模、研发新产品、开拓市场等。因为这种长期投资的经济效益要在很长的时间后才可以体现出来。用短期贷款做长期投资，容易使企业陷入因不能按时还款而倒闭的危险境地。短期贷款可用来做短期的周转。这种投资思路是一种稳妥的策略，但是不能实现效益的最大化。我们应该在规则许可的范围内合理利用规则来实现效益最大化。例如，企业如果急需资金，同时自己又有一部分快到期的应收账款（最好是在 3 个账期内），这个时候可以根据现金额、应收账款数、正常经营所需成本等信息，向银行进行短贷（因为短期贷款利息要比长期贷款低）。当然我们可以在每个季度进行短期贷款 20M。只要保持所有者权益不下降，我们可以在还掉年初第一季度的短贷 20M 后继续进行短贷。这样可以及时得到经营所需资金，同时在还款期内又有还款保证，从而使以贷还贷的贷款策略得以进行下去。当然这种策略也是有风险的，如果经营不当或者预算不准导致权益下降，那么就会危及企业的资金流。

众多初学者会在第二年的时候全部进行长期贷款，从而不用担心每年偿付贷款。但是，由于长期贷款的利息是短期贷款利息的两倍，因而长期贷款会比短期贷款更加容易损失所有者权益，从而影响下一年的贷款额度。全部使用长期贷款，会导致财务费用剧增，大量侵蚀企业利润，使企业发展缓慢。但这并不一定意味着长期贷款策略是失败的。如果我们在企业初期大量长贷，利用充裕的现金在产品研发、扩充产能、控制市场方面做得出色的话，也会收到很好的效果。当然，企业还可以采取长期和短期贷款相结合的方式解决企业资金短缺问题。

企业战略决策以及精准的财务预算，是决定企业融资策略的决定性因素。只要合理利用长短贷比例，就能合理在利用资金的情况下保证权益的增长，让它变成盈利的工具，就一定会为企业带来丰厚的利润。

4.1.2 企业偿债能力分析

负债经营是现代企业的基本特征之一，其基本原理就是在保证财务稳健的前提下充分发挥财务杠杆的作用，为股东谋求收益最大化。负债经营是一把"双刃剑"，一方面，如果企业经营状况良好，投资收益率大于负债利息率，则获得财务杠杆利益，达到"借鸡生蛋"的目的；另一方面，如果企业经营状况不佳，投资收益率小于负债利息率，则产生财务杠杆损失，甚至导致企业因不堪重"负"而濒临破产的边缘。现实生活中，很多管理者缺乏财务管理知识，对企业运用负债理解不够，对其利弊认识不清，视负债风险为洪水猛兽。事实上，适度的负债经营可以提高企业的竞争力和获利能力，是现代企业为获得快速发展而采取的一种积极进取的经营手段。当然，负债经营的比例究竟应该多高，是财务管理学中确定最佳资本结构的关键问题，也是一个没有普遍适用模式的难题，必须结合模拟企业自身资源和外部环境的各种因素，进行通盘考虑。

企业偿债能力反映的是企业对长、短期贷款等债务在某一个时点所具有的还本付息的能力。在 ERP 沙盘模拟实训课程中，企业偿债能力对企业今后的经营和发展起着关键性的作用。

4.1.2.1 短期偿债能力分析

短期偿债能力主要是指对短期贷款和高利贷两种短期负债的偿还能力的分析。短期偿债能力在财务上是用流动比率、速动比率和现金比率来反映的。

1. 流动比率

流动比率是流动资产除以流动负债的比值。其公式为：

$$流动比率＝流动资产÷流动负债$$

在 ERP 实训中涉及的流动资产主要有现金、应收账款、存货三项，流动负债有短期贷款、高利贷、应交税费三项。流动比率反映的是企业到期能否偿还流动负债的本金和利息。一般理论认为最低的流动比率为 2。

2. 速动比率

速动比率是从流动资产中扣除存货部分的流动比率。速动比率的计算公式为：

$$速动比率＝（流动资产-存货）÷流动负债$$

速动比率比流动比率更能反映企业短期偿债能力。因为在流动比率中，流动资产中有一部分存货。它的变现能力很差，因而以该公式反映的偿债能力有虚夸的现象。而在速动比率中，存货被从流动资产中剔除。这样反映的偿债能力更真实。通常认为正常的速动比率为 1，低于 1 的速动比率往往被认为是短期偿债能力偏低。当然，这只是理论的数据，它还需根据企业的不同情况而定。

3. 现金比率

现金比率是企业现金类资产与流动负债的比率。现金类资产包括企业所拥有的货币性资金和持有的有价证券，是速动资产扣除应收账款后的余额。

$$现金比率＝（流动资产-存货-应收账款）÷流动负债$$

从公式中很明显可以看出，现金比率反映的是企业利用现金偿债的能力。

4.1.2.2 长期偿债能力分析

长期偿债能力分析关注的是企业对长期负债的能力分析，主要是指对长期贷款的偿债能力分析。

1. 资产负债率

资产负债率是负债总额与资产总额的比例关系。

$$资产负债率＝负债总额÷资产总额×100\%$$

资产负债率反映的是债权人提供的资本在企业资本总额中的比例。对于债权人而言，他关心的是企业的还款能力；而对于债务人而言，他关心的是能否利用该借款获得超额回报。在这两者之间要取得平衡，企业必须保持一个合理的资产负债率。

2. 产权比率

产权比率是负债总额与股东权益总额之比，也叫债务股权比率，公式为：

$$产权比率＝（负债总额÷股东权益）×100\%$$

产权比率反映的是债权人提供的资本和股东提供的资本的相对关系，反映企业资本结构是否稳定。产权比率高，是高风险、高报酬的财务结构；反之则是低财务结构。

3. 已获利息倍数

已获利息倍数是企业息税前利润与利息费用的比率。息税前利润是指损益表中未扣除利息费用和所得税之前的利润。它可以用税后利润加所得税再加利息费用计算得出。已获利息倍数用以衡量企业偿付借款利息的能力。其公式为：

$$已获利息倍数＝息税前利润÷利息费用$$

已获利息倍数指标反映企业息税前利润为所支付的债务利息的多少倍。只要已获利息倍数足够大，企业就有充足的能力偿付利息。

4.1.3　企业现金管理分析

以下几种情况是 ERP 沙盘经营中经常会看到的：

（1）看到现金库资金不少，心中就比较放心；

（2）还有不少现金，可是破产了；

（3）能借钱的时候就尽量多借，以免第二年借不到。

我们从资金管理的角度进行分析。库存资金越多越好吗？错！资金如果够用，越少越好。资金从哪里来：资金可能来自银行贷款，但这是要付利息；也可能来自股东投资，但股东是要经营者拿钱去赚钱的，将钱放在企业是不会生"新钱"的；也可能来自销售回款，但销售回款放在家里不是白白浪费吗，放在银行多少也有利息。

现金不少，可是破产了。很多同学这个时候会一脸茫然。破产有两种情况，一是权益为负，二是资金断流。此时破产，必定是权益为负。权益和资金是两个概念，千万不要混淆。这两者之间有什么联系呢？从短期看，这两者是矛盾的，资金越多付出的资金成本也越多，反而会降低本来权益；从长期看，两者又是统一的，权益高了就可以从银行借贷更多的钱，要知道，银行最大的特点就是"嫌贫爱富"。企业经营过程中，特别是在企业初期，在两者间会相当纠结：要想发展，要想做大做强，就必须得借钱，必须投资，但是这个时企业借贷要受制于企业的经营权益，在经营过程中权益变小借钱受到极大的限制，又如何发展啊？这时企业用"哥德巴赫猜想"破解这个难题，经营也就成功一大半。

在权益较大的时候多借一些，以免来年权益降了又借不到。这个观点有一定的道理。但是企业也不能盲目地贷款，否则以后一直会背着沉重的财务负担，甚至还还不清本金。这不就是我们常讲的饮鸩止渴吗？

通过以上的分析，我们可以看出，资金管理对于企业经营的重要性。资金是企业日常经营的"血液"，断流一天都不可以。我们将可能涉及的自己流入流出的业务汇总以后，不难发现这基本上涵盖了所有的业务。如果将来年可能发生额填入表中，就自然形成了资金预算表，如表 4.1 所示。如果出现断流，必须及时调整，看看哪里会有资金流入，及时给予补充。

表 4.1 资金预算表

	1	2	3	4
初期库存现金				
贴现收入				
支付上年应交税				
市场广告投放				
长贷本息收支				
支付到期短贷本息				
申请长贷				

表4.1(续)

	1	2	3	4
原材料支付现金				
厂房租买开支				
生产线（新建、在建、转、卖）				
工人工资（开始下一批生产）				
收到应收款				
产品研发				
支付管理费用以及厂房续租				
市场以及 ISO 开发（第四季）				
设备维护				
违约罚款				
其他				
库存现金余额				

通过表4.1，我们发现，资金流入项目实在太有限了，其中对于权益没有影响的只有"收到应收款"，而其他流入项目都对权益有"负面"影响。长短贷中，贴现会增加财务费用；出售生产线会损失部分净值；虽然出售厂房不影响权益，但是购置厂房的时候是一次性付款，而出售以后只能得到 4 期的应收款，损失一年的时间，如果贴现也需要付费。

至此，你可以明白资金预算的意义了：首先保证企业正常运作，不发生断流，否则就会破产出局；其次合理安排资金，降低资金成本，使股东权益最大化。

资金预算、销售计划、开工计划和原材料订购计划综合使用，既可以保证计划正常执行，又可以防止不必要的浪费，如库存积压、生产线停产、盲目超前投资等。同时，如果市场形势、竞争格局发生改变，资金预算必须进行动态调整，适应要求。资金的合理安排，为其他部门的正常运作提供了强有力的保障。

4.1.4 企业经营绩效分析

企业经营绩效是指一定经营期间的企业经营效益和经营者业绩。企业经营效益水平主要表现在企业的盈利能力、资产运营水平、偿债能力和后续发展能力等方面。经营者业绩主要通过经营者在经营管理企业的过程中对企业经营、成长、发展所取得的成果和所做出的贡献来体现。

1. 资产收益率

资产收益率（ROA）反映该指标越高，企业资产利用效果越好，说明企业在增加收入和节约资金使用等方面取得了良好的效果。其计算公式为：

$$ROA = 净利润 \div 总资产 = 净利润 \div 销售额 \times 销售额 \div 总资产$$
$$= 销售净利率 \times 资产周转率$$

资产收益率是财务分析的一个重要比率，集中体现了资金运动速度与资产利用效果之间的关系。在资产一定的情况下，利润的波动必然引起资产收益率的波动，因此利用资产收益率这一指标，可以分析企业盈利的稳定性和持久性，从而确定企业的经营风险。另外，资产收益率的高低反映了企业经营管理水平的高低和经济责任制的落实情况。

2. 权益报酬率

权益报酬率（ROE）是一个衡量股票投资者回报的指标。它亦评价企业管理层的表现——盈利能力、资产管理及财务控制。其计算公式为：

$$ROE = 净利润 \div 股东权益 = 净利润 \div 总资产 \times 总资产 \div 权益$$
$$= 总资产净利率 \times [\,1 \div (1 - 资产负债率)\,]$$

净利润等于公司于财务年度内所产生的利润，股东权益则代表投资者在公司中的利益。在资产负债表中，股东权益是指股东对公司资产在清偿所有负债后剩余价值的拥有权，或是直接与净资产等值。

一般而言，ROE 越高越好，高于 15% 且低于 20% 属于理想水平，而高于 20% 则属于优异水平。

4.1.5　经营能力指标分析

经营能力包括收益力、成长力、安定力、活动力和生产力五力，如表 4.2 所示。

表 4.2　　　　　　　　　　　　五力分析

收益力	毛利率	（销售收入−直接成本）÷销售收入×100%
	利润率	净利润÷销售收入×100%
	总资产净利率	净利润÷[（期初总资产+期末总资产）÷2]×100%
	净资产收益率	净利润÷[（期初所有者权益+期末所有者权益）÷2]×100%
	总资产收益率	息税前利润÷总资产×100%
	销售利润率	息税前利润÷销售收入×100%
成长力	收入成长率	（本期销售收入−上期销售收入）÷上期销售收入×100%
	利润成长率	（本期净利润−上期净利润）÷上期净利润×100%
	净资产成长率	（本期期末净资产−上期期末净资产）÷上期期末净资产×100%
安定力	流动比率	期末流动资产÷期末流动负债×100%
	速动比率	（期末流动资产−期末存货）÷期末流动负债×100%
	固定资产长期适配率	期末固定资产÷（期末长期负债+期末所有者权益）×100%
	资产负债率	期末负债÷期末资产×100%

表4.2(续)

活动力	应收账款周转率	当期销售净额÷当期平均应收账款×100%
	存货周转率	当期销售成本÷〔(期初存货+期末存货)÷2〕×100%
	固定资产周转率	当期销售收入÷〔(期初固定资产+期末固定资产)÷2〕×100%
	总资产周转率	当期销售收入÷〔(期初总资产+期末总资产)÷2〕×100%
生产力	人均利润	当期利润总额÷当期平均职工人数×100%
	人均销售收入	当期销售收入÷当期平均销售人员数×100%

收益力表明企业是否具有盈利的能力。指标中的净资产收益率为投资者最关心的，反映的是投资者投入资金的活力能力。一般而言，这几个指标越高越好。

成长力表示企业具有成长的潜力，即持续盈利能力。一般而言，其越高越好。

安定力是衡量企业财务状况是否稳定、会不会发生财务危机的指标。流动比率大于2、速动比率大于1表示企业短期偿债能力较好。固定资产长期适配率应该小于1。固定资产的构建应该使用还债压力较小的长期贷款和股东权益，原因是固定资产建设周期长，回报周期更长，需要若干年。如果用短贷构建，企业会由于短期内不能实现产品销售使现金回笼，造成还款压力。资产负债率越高，企业面临的财务风险越大，获利能力也越强。资产负债率为60%~70%较为合理。

活动力是从企业资产的管理能力方面对企业经营业绩做出的评价，周转率越高，说明企业资金周转速度越快，获利能力越强。生产力是衡量人力资源产出能力的指标。

● 4.2 ERP 沙盘模拟实训中的市场分析

在 ERP 沙盘模拟实训中，营销总监的任务包括广告费用的投入、市场趋势的预测、新产品研发的分析、市场开拓的分析等方面。

4.2.1 广告投放

在实训过程中，很多学生为了争取市场老大的地位而盲目地投入广告费用，而最后却没有取得好的经济效果。所以，营销总监应该冷静思考，好好分析市场，使投入产出达到最佳效果。

广告费用要冲减毛利，降低企业的权益值，因此，广告费用投入过多没有益处。在进行广告费用投入的时候应该考虑企业的生产能力、企业现金状况等多方面的因素。掌握其他企业经营状况的信息非常重要，可以起到事半功倍的作用。因为了解了其他企业的现金状况、生产能力、市场研发等信息，营销总监就可以大致判断他们的市场投入情况，从而使自己的投入做到有的放矢。此外，在订单会时，营销总监需要仔细分析每个市场的竞争程度，以便于下一年做更合适的决策。但如果进入了比赛中期，企业的柔性线数量有所提升，那么第二年企业都会转移到第一年看似竞争不激烈的市场上，造成某种产品一年竞争激烈一年竞争不激烈的假象。为此广告的投放在战术上也存在着大量的博弈。

4.2.2 市场开拓和产品研发分析

1. 市场开拓

在 ERP 沙盘实训课程中，市场开拓应该和产品研发分析同时进行。因为产品是随着市场变化而变化的，如果只研发了产品却没有开拓市场，那么产品不能在该市场销售，新产品研发的功效就要大打折扣（第一年的本地市场除外）。

在市场开拓过程中不能采取"全面开花"的模式，应该是根据企业及市场情况选择最佳的市场。这样可以减少企业的成本开支，同时使企业在市场上有所突破。在市场选择上，营销总监应该时刻关注市场竞争状态，避免过于激烈的市场竞争。占领竞争压力小的市场不失为一个好决策。考虑到 ERP 沙盘模拟中企业一年最多生产 40 个产品，并不足以在本地、区域、国内、亚洲和国际五个市场中都成为市场老大。因此，企业在制定战略时首先需要考虑的便是是否选择市场争做老大，选择哪个或哪些市场争当老大。规则规定上一年的市场老大能在本年第一个进行选单，而无论本年其在该市场该产品上的广告费投入是多少。因此一般而言，在早期争做市场老大能为之后的几年节省广告费，并且能够获得较为稳定的销售渠道。

2. 产品研发

在产品研发上，根据对市场产品的预测分析，可以知道在经营的开始阶段，P1 产品处于衰退期，P2 产品处于成熟期，P3 产品处于成长期，P4 产品处于介绍期。根据波士顿矩阵分析可知，P1 产品市场增长率为负值，正在走下坡路，因而从长远来看应该淘汰，不应追加投入。P2 产品在市场增长率上没有太多的潜力可挖，但是它的卖价较高，有可能为企业带来较多的销售收入。营销总监可以用该产品来支持其他产品的研发。P3 产品的市场增长迅速，卖价很高，有望成为市场主导产品，但是企业必须投入很大的研发经费。P4 产品必须投入巨额资金研发，且市场需求小，因此对 P4 产品的开发要谨慎决定。但是若采用了争做市场老大的决定，那么 P4 产品的开发是值得的。在经营的中后期，企业没有 P4 产品的销售收入很难在市场中维持老大地位。

在产品研发中，重点关注产品的开发周期、原材料构成以及直接成本。开发周期往往决定了生产产品的时间。未开发完成的产品不得加工生产。此外重点关注产品的原材料构成中是否含有产成品。倘若含有产成品，该产品相当于加工了两次，占用了两次生产线，因此应将该产品的直接成本除以 2 进行分析；同时对于原材料构成中含有产成品的产品往往要考虑现金流。在经营初期不能为了生产含产成品材料的产品而过多地存放产成品，否则会影响利润的提高。

在产品研发过程中还要结合每种产品的需求量和每个市场的平均单价进行分析。如不同市场、每种产品需求量的年度走势图；不同市场、每种产品的毛利走势图；每种产品竞单的数量、ISO 认证情况。依据每种产品六年的需求量、毛利的走势，选好自己需要主打的市场，可以有针对性地预测，对于抢夺市场老大至关重要。

4.2.3 订单分析

订单的好坏直接关系到企业销售状况，也关系到企业还贷、扩大生产等经营管理活动。在拿单时，营销总监要做到以下几点：

（1）做好市场开拓、产品研发、资金筹措、产能设计等的前期工作。

（2）分析竞争对手的情况，如处于劣势就要避免与之竞争。

（3）选取总额最大的订单，当订单的产品数量较多时采用。

（4）选取单位毛利最大的订单，当订单中的产品数量较少时采用。

（5）选取账期最短的订单，当企业资金紧张的时候采用。

4.2.4 根据收集数据进行市场预测

市场分析是不可或缺的一部分。市场规则变化莫测，主要反映产品需求量、价格的走势，直接影响到了每个企业的运营策略。企业应通过下发的市场规则，尽可能挖掘数据背后的内容。而这种数据的获得需要商业间谍。商业间谍需要收集的数据主要分为三种：一是在选择订单时，记录下对手投资的广告费、获得的订单；二是从对手盘面上获得的信息，包括对手的市场开发、产品开发、ISO 资格认证投资、生产线和厂房投资、库存情况和现金状况等；三是在模拟的年度结束之后公布的数据，例如对手的所有者权益账面金额、占有市场老大地位的团队等。获得了上述信息之后，团队可以分析出对手的实力，从而选择较有竞争力的对手进行重点观察；也可分析对手采用的策略，避免与其他团队出现策略"撞车"的情况；即使出现了策略相同的情况，也可以早做准备，通过增加广告费投入等方式避免自身策略实施失败。营销总监需要做出的决策最多，影响力最大。商业间谍提供的信息和市场需求与价格预测是营销总监做出决策的主要依据。营销总监需要做出的主要决策包括：是否以及何时开始开发市场、开发产品、认证 ISO；预测各年度、各市场、各产品的销售数量和需要投入的广告费。

4.3 ERP 沙盘模拟实训中的生产分析

在 ERP 沙盘模拟实训过程中，前几年的主要问题是资金，而后几年突出的问题就是产能。模拟企业在扩大产能时会遇到一些问题，其中主要是投资生产线的问题。企业要增加利润，当然就要扩大销售，而扩大销售就必须提高生产能力，要提高生产能力就必须投资新的生产线。

4.3.1 生产线的选择

1. 生产线性价比分析

在规则中分析生产线也是不可或缺的一部分。在 ERP 沙盘模拟对抗课程中，产供销脱节的现象比比皆是。这是很多模拟企业经营惨淡的根本原因。例如，有的小组开拓了广阔的市场，本应顺理成章地接到很多订单，却发现产能不足，即使生产线全力以赴也无法满足订单的要求；有的小组花费大量资金购置了自动线或柔性线，产能很高，但产品单一、市场狭小，导致产品积压和生产线闲置；有的小组营销、生产安排妥当，只等正常生产和交货即可有光明的前景，然而库存原材料又不够了，只能停工待料或者紧急采购，打乱了事先的部署。各生产线对照表如表 4.3 所示。

表 4.3　　　　　　　　　生产线对照表

生产线	购置费	安装周期	生产周期	转产费	转产周期	维修费	残值
手工线	5M	无	3Q	无	无	1M/年	1M
半自动线	8M	2Q	2Q	1M	1Q	1M/年	2M
自动线	15M	3Q	1Q	4M	1Q	1M/年	3M
柔性线	20M	4Q	1Q	无	无	1M/年	4M

结合表 4.3 我们进行如下分析：

（1）产能较高的是全自动和柔性生产线，每年可以生产 4 个产品。全自动生产线转产时周期比柔性生产线长，但柔性生产线买价高。

（2）半自动线与自动线比较。2 条半自动线等于一条自动线的产能，但 2 条半自动线的买价是 16M，1 条自动线的买价是 15M；同时，2 条半自动线比 1 条自动线还要多 1M 维修费，并多占一个机位。所以，自动线的性价比明显优于半自动线。

（3）手工生产线效率低下，但没有转产周期。我们可以利用 3 条手工生产线与 1 条柔性生产线进行比较，分析其成本状况，如表 4.4 所示。

表4.4   3 条手工生产线与 1 条柔性生产线成本对比

项目	3 条手工生产线	1 条柔性生产线
建设资金	无	20M
安装周期	无	4Q
转产周期	无	无
转产费	无	无
占用机位数	3	1
每年维修费	3M	1M
折旧费状况	少	多

我们假设模拟企业的经营周期为 6 年，那么从表 4.4 可以看出，3 条手工生产线支付的维修费用为 18M，而 1 条柔性生产线的购买价格就超过了 18M，还要考虑每年的维修费。因此，保守点的企业经营者可以用 3 条手工生产线替代 1 条柔性生产线，降低投资成本。不过用手工生产线会占用厂房空间，会大大地限制企业的产能扩张。

企业在采用多种产品组合模式时，一般应购置 1~2 条柔性线，从而灵活调整交单时间和顺序，尽量避免应收款贴现。同时，如果打算购置柔性生产线，则宜早不宜晚，因为越往后产品转产的概率越低，柔性线的优势得不到发挥，浪费了优质资源，同时还增加了现金压力。基于以上分析，我们可以得出以下结论：自动线性价比最高，是首选生产线；若预计出现两次转产则应考虑使用柔性线；手工线可用来应急。

2. 生产线建设策略

在生产线建设上首先要把握建设的时间点：生产线开始建设的最佳时点应该能保证产品研发与生产线建设投资同期完成。例如，P3 产品研发周期是 6 个季度，自动线安装周期是 3 个季度，如果从第 1 年第 1 季度开始研发 P3 产品，从第 1 年第 4 季度开始建设生产 P3 产品的自动线，那么第 2 年第 2 季度 P3 产品研发与自动线生产线建设投资恰好同期完成，第 2 年第 3 季度上线生产 P3 产品。其次建设灵活的生产线。在 ERP 电子沙盘模拟经营第 1 年，由于竞争对手的情况不明朗，应尽量建设产能灵活的生产线，以便给第 2 年选单留有余地。从表 4.3 生产线建设进程来看，如果企业第 2 年只接到 3 个 P3 产品的订单，那么，第 4 条自动线就可以延期投资，在第 2 年第 4 季度完成投资。这条生产线第 2 年就不需要支付维修费。

在手工沙盘模拟经营的前两年，核心问题就是生产线的更新换代。事实上，若对于产能较低的手工线和半自动线进行及时处理，空出的机位可以铺设产能较高的自动线或者柔性线，从权益上讲也是有利的。至于自动线和柔性线，正常情况下不宜出售，只有前两年已建成且在第 6 年出售才有利于所有者权益的增加。

生产总监面对的决策最为复杂，主要包括生产线和厂房是否需要增加，增加方式是购买还是租赁。而生产总监决策的依据是销售总监的销售预测。在预测时应该安排适当的柔性线从而避免转产期和转产费。因此生产总监还需要考虑生产调整的灵活性，即投资的全自动线和柔性线分别为几条。若生产总监发现销售数量预测超过了企业能够生产的数量，那么需要和销售总监进行沟通，更改销售预测，之后再进行新的生产预测。

4.3.2 产能总量的分析

ERP 沙盘模拟的是一家典型的制造型企业，采购—生产—销售构成了基本业务流程。整个流程中有以下几个关键的问题：

1. 如何确定产能

表 4.5 列出了所有可能的产能状态。按照上面提供的方法，结合本企业的生产线及库存情况，我们可以计算出总产量。这是选单以及竞单的时候需要牢记的。值得注意的是总产量并不是一个固定的数，而是一个区间，因为我们可以转产、紧急采购、紧急加建生产线、向其他的企业采购。比如意外丢了某产品的订单，则要考虑多拿其他产品的订单，就可能需要转产；再比如，某张订单的利润特别高，可以考虑紧急采购、紧急加建生产线或向其他企业采购产品来满足市场需求。产能的计算是选单和竞单的基础。

表 4.5 生产周期和年初状态影响产能

生产周期	年初在制品状态	各季度生产进度 1 2 3 4				产能
3	○○○	□	□	□	■	1
	●○○	□	□	■	□	1
	○●○	□	□	■	□	1
	○○●	■	■	■	■	2
2	○○	□	□	■		1
	●○	□	■	□		2
	○●	■	■	■		2
1	○	□	■	■	■	3
	●	■	■	■	■	4

2. 如何进行产品"定位"

在实际经营中，很多人将经营不善归为销售订单太少、广告费太高、贷款能力不够。但这些往往只是表面现象。"产品定位"极易被忽视。很多学生在经营时业绩已经不佳，但仍然按照原来的思路操作，该进入的产品市场不知道及时进入，该放弃的产品还在"鸡肋"似地经营，甚至结束时还不明白为什么我们没有盈利。

沙盘的精髓在于使学生深刻地体验并理解企业运营中"产、供、销、人、财、物"之间的逻辑关系，从而引申到对计划、策略、流程和团队合作等方面知识的认识。若不能透彻"剖析"各产品的定位，度量产品对企业的"贡献"并随时修正经营，企业经营无疑会陷入混乱的境地。

采用"波士顿矩阵"分析是一种进行"产品定位"的好方法。该方法主要考核两个指标，如图 4.1 所示。

高		
市场增长率	明星业务	问题业务
	现金牛业务	瘦狗业务
低	相对市场占有率	高

图 4.1　波士顿矩阵

★ 相随市场的占有率：在沙盘模拟中，根据笔者的经验，某业务销售额在所有企业中居前 30%，可以认为是"高"市场股份额，反之为"低"市场股份额。

★ 市场增长率＝（本年总销售额−上年总销售额）÷上年销售额×100%，若大于 30%属于"高"增长率，否则定义为"低"增长率。

（1）问题业务

问题业务指的是高增长率、低市场份额的业务。在这个领域中的是一些投机产品，带有较大的风险。这些产品的利润率可能很高，但是占有的市场份额很少。这往往是一个企业的新业务，为发展问题业务。企业必须建立工厂、增加设备，以便跟上迅速发展的市场，并超过竞争对手。这就意味着大量的现金投入。问题业务非常贴切地描述了对待这类业务问题的态度，即必须慎重回答"是否继续投资以发展该业务"这个问题。只有那些符合企业发展的长远目标、具有资源优势、能够增强企业核心竞争力的业务才能肯定地回答。在沙盘企业经营的后几年中，高端产品 P4 或 P5 基本属于这种情况，此时面临的问题是是否有足够的资金进行产品研发以及生产线建设投入。

（2）明星业务

这个领域中的产品处于快速增长的市场中并且拥有占支配地位的市场份额。但是其不一定会产生正现金流。这取决于新厂房、设备和产品研发对投资的需求量。明星业务是由问题业务继续投资发展起来的，可视为高速成长的市场中的领导者。它将成为公司未来的现金牛业务。因为市场还在高速成长，企业必须投资，保持与市场同步增长，并击退竞争对手。企业没有明星业务，就失去了希望。

（3）现金牛业务

处于这个领域中的产品会产生大量的现金，但是未来增长的前景还是有限的。它是成熟市场中的领导者，是企业现金的来源。由于市场已经成熟，企业不必大量投资来扩展市场规模；同时作为市场中的领导者，该业务享有规模经济和高边际利润的优势，因而给企业带来大量的现金流。企业往往运用现金牛业务来支付其他业务需要的现金。低端产品 P1、P2 属于这种情况，前几年的市场增长有限，且销售额较高，有较多现金回收，支持其他业务发展。

（4）瘦狗业务

该业务既不能产生大量的现金，也不需要投入现金，其未来没有发展的希望。通常这类业务是微利甚至亏损的。但是可能由于感情的因素，很多学员不忍放弃，或因为其他的业务没有开发出来，只能依靠现有的瘦狗业务勉强度日。正确的做法应该是采用收缩战略将其及时转移到更有利的领域中。P1 产品往往在第三年成为瘦狗业务，订单数量与价格均不理想。此时投入大量的广告费是得不偿失的，其策略应该是以销售库存为主。当然，若是其他业务不足，为避免生产线闲置，也可以考虑生产 P1。

3. 如何确定生产计划和原材料订购计划

企业获取订单后，就可以编制生产计划和原材料订购计划，两者可以同时编制。以生产 P2 为例。其货物清单为 R2+R3，其中 R2 应提前一个季度订购，R3 应提前两个季度订购。

由表 4.6 可知手工线（假设生产周期为 3）第三季度开始下一批生产，第二个季度需订一个 R2，第一季度需订一个 R3；第六季度（第二年第二季度）开始下一批生产，需要在第五季度订一个 R2，在第四季度订一个 R3。

以此类推，可以根据生产线类型（半自动线、自动线假设生产的周期分别为 2、1）以及生产的产品的类型计算出何时订购、订购多少。当然实际操作的时候还要考虑原材料库存、转产、加工费、到货付款等。原材料订购计划做好后，原材料付款计划就随即产生了。

表4.6   生产计划与原材料订购计划

时间（Q） 状态		1	2	3	4	5	6
手工线	产品下线并且开始新的生产			■			■
	原材料订购	R3	R2		R3	R2	
半自动线	产品下线并且开始新的生产		■				■
	原材料订购	R2	R3	R2	R3	R2	
自动线	产品下线并且开始新的生产	■	■	■	■	■	■
	原材料订购	R2+R3	R2+R3	R2+R3	R2+R3	R2	
合计		2R2+2R3	2R2+2R3	2R2+R3	R2+3R3	3R2	

注：年初生产线有在制品在 1Q 位置。

● 4.4   ERP 实训过程中的战术分析

在 ERP 沙盘企业运营实战过程中，学员除了读透比赛规则，还需要感悟经验与技巧，在模拟实训开始前准备一份做预算的表格。表格中含有现金流量预算表、综合费用表、利润表、资产负债表等。学员不仅可以在比赛前研究比赛开局方案的合理性，也可以在比赛时快速分析企业运营面临的各种问题，做到开源节流、统筹运营，接下来按照比赛流程进行实战过程中的分析总结。

4.4.1   开篇布局决策

首先是思考开篇布局，好的开局会对企业未来六年的发展起到决定性作用。利用好资金至关重要。根据对于市场规则的分析定位开局的策略，如是争抢市场老大，还是稳健发展；研发产品的选择如何。以上问题都需要定位、明确。一般情况下可采取以下策略：

（1）**市场开局**：可以考虑以长贷为主，尤其是大量贷款、长期贷款需要注意可以采取多次、分期贷款的方式，以防止未来巨额贷款到期所产生的还款压力而导致资金断流。企业以抢夺市场老大为目标需要采取市场渗透、产品开发的产品策略，即锁定一个市场进行开拓，其他市场可以延期开拓。尽可能多研发产品，力求将多种产品销售到同一市场。由于抢夺市场老大前期的投入成本很高，为了保全所有者权益不会降低太多，可以适当考虑 ISO 的认证、投资于厂房的购买等问题。

（2）稳健发展：在沙盘战场上，争抢市场老大往往会带来很大的风险，有时成功与破产仅有一步之差。倘若成功地避开了市场强大的竞争，吃透市场规则，稳健发展者往往也可以后来居上。稳健发展以短贷为主、长贷为辅，采用长短结合的方式。初期企业投资方面也相对保守，因此可以采取前期市场开发、后期产品多样化的策略：初期选择两种左右的产品进行研发，尽可能地多开发市场，力求在少量产品的市场上分散抢单，降低广告投放成本，循序渐进地发展企业。

4.4.2 广告投放策略

在模拟实训过程中，订单一般遵循一定的特征。一般情况下每个市场、每种产品订单的需求量的交货期是在均分的基础上上下浮动的。企业在规划时，可以根据"产品市场均单＝每个市场的每个产品的需求量÷订单总数"，来判断自己的拿单情况。此外，在订单会时，企业需要仔细分析每个市场的竞争程度，以便于下一年做更合适的决策。

4.4.3 运营过程策略

在每一年广告会结束拿完订单之后，企业不要急着开始运营，一定要对至少6个季度之后的发展有一个很明确的规划。运营的步骤大致分为如下几步：第一步，配单。依据实际完成的情况，将每个季度计划所收订单的账款记录在电子现金预算表中，最终将资产负债表配平。第二步，财务成本控制。以尽可能少的贴现，保证本年顺利结束。第三步，制定下一年运营规划，包括生产计划、投资规划、采购规划、广告投放预算、预估现金流等方面。第四步，开始本年的运营操作。由此可见如果要运营好企业，在每一年开始的比赛初期要做很多的预算工作。此外在运营过程中也有很多的技巧：一是在企业发展中后期，企业每年的净利润是稳步提升的。因此后期就没有必要以长期贷款为主，可以在年初以长贷还短贷、续短贷的方式进行。二是订单的违约金为订单额的 20%，成本相对不是特别高。倘若在竞单会拿到利润极高的订单，不仅可以抵销违约订单的违约金，同时还可以获得额外的利润。

4.4.4 询盘

每一年年底投放广告之前各参赛队都要经历 10 分钟的询盘过程。询盘对于投放市场广告起到了很重要的作用。每个组都有几名学生充当信息收集员（即间谍）。为此组织好成员有针对性地对其他企业的发展情况进行信息收集并总结很重要。在询盘过程中需要重点关注以下几点：一是生产线情况（重点关注每种产品生产线的数量、柔性线的数量）。二是产品研发情况（注意关注还差几季度完成投资）。三是市场开发情况。四是现金与应收款。五是 ISO 认证。通过以上分析来掌握每个企业的发展动向，对于企业决策和规避风险至关重要。

● 4.5 ERP 实训过程中的应急措施

市场是瞬息万变的，企业实际经营的结果总会和预测有出入。ERP 沙盘模拟也具有相同的特点，即便使用的软件完全相同，市场上能够提供的订单完全一样，面对不同的对手也有可能出现不同的情况，需要运用不同的策略。因此当出现与预期不相同的情况时如何迅速应对从而避免或减少损失至关重要。在模拟中，容易出现的意外情况主要有以下几种：

4.5.1 未按计划获得市场老大地位

在前期争取市场老大地位时，企业应该尽可能多投入广告费用。但如果仍然未能如愿争取到市场老大地位，那么企业应该尽快认清失利对自身团队的影响，全面了解自身剩余的资源，尤其是能够调动的在未来年度使用的预算外广告费为多少。此外企业还需对竞争对手的策略进行分析：是否有保持市场老大地位的打算。具体可以通过分析对手的市场开发情况和产品开发情况来了解。如果对手没有打算保持老大地位，而自身有足够的资金，那么可以考虑下一年夺回市场老大地位。如果对手明显有保持老大地位的想法，或者完全不能分析出对手的意图，那么应该谨慎行事。动用大量财力争取市场老二的地位是不明智的。此时可以考虑转变目标市场的策略。如果资金不允许再动用大量的现金来投放广告，可以考虑在盈利性较高的特定市场和特定产品上有目标地投放广告费，争取及时销售能生产出的存货，同时获得较高的毛利。如果在后期未争取到市场老大地位，对于团队的影响会小于前期。

4.5.2 不能如期生产已获得订单需求的产品

在此情况下应首先分析造成不能如期生产需要的产品的原因。不同的情况采用不同的解决方式：若是原材料储备不够而使生产不能顺利进行，可以考虑紧急采购原材料；若是能完成销售总量的生产而不能满足某个特定产品的数量，可以考虑生产线的转产从而避免违约；若是需销售的数量大于目前的生产能力，那么考虑紧急增加生产线是否可以满足需求；若是没有考虑到是加急订单而不能在指定季度交货，那么最直接的手段就是向对手购买需要的产品。这即使有可能使整个交易蒙受损失，但只要损失小于违约带来的损失，交易就该进行。在可以选择多张订单中的一张违约时，尽量避免在自身是老大的市场违约，从而避免市场地位下降而带来的广告费大量增加。

4.5.3　所有者权益减少影响贷款额度

规则规定贷款额度是所有者权益账面价值的倍数，而且贷款金额必须凑整。这就有可能出现当年年末权益比预期少了 1 或者 2，而使权益的尾数为 9 或者 8。这就使长期贷款和短期贷款的额度分别减少了 10 和 20，从而可能导致资金的紧张。这时，要根据情况发现的时间分别采取不同的处理方式：若在当年操作完成之前发现，可以考虑暂停一期某种产品开发、市场开发或认证 ISO 的方法使年末权益等于预期；如果有生产线处于当年完工并投入使用的，且即使当年不使用该生产线也不会影响销售的完成的，可以考虑暂停安装从而延缓投入使用的时间并节约生产线维护费；如果存在当年打算融资租赁的生产线但可以延迟到下一年的，可通过延迟开工时间来节约当年的融资费用；如果当年需要贴现而多笔应收账款都能满足资金需求的，选择贴现费最少的，即使可能出现资金非常紧张（如某季出现现金余额为 0）的情况。若当年操作已经完成，那么应该做的就是想办法通过贷款以外的方式凑集资金，并且节约资金的使用。贷款以外的方式凑集资金主要包括在下一年尽可能多地卖出产品、贴现、变卖厂房和不需要的生产线以及高利贷。在 ERP 电子沙盘第一年运营中，为了保权益，企业往往采用购买厂房的策略；第二年后若预计资金周转会出现困难，可以主动提前出售厂房。根据 ERP 沙盘模拟对抗规则，厂房按买价出售，得到 4 个账期的应收款。如果从收入的角度看，这就视同取得一笔销售收入；如果从筹资的角度看，也可以理解为申请了一笔长期贷款。例如，出售小厂房得到 30M 应收款，可以看作变相取得了 30M 长贷，小厂房的年租金为 3M，而 30M 长贷的年利息也是 3M，显然，这两种方式对权益的影响是相同的。在现金充足的年份，还可以通过"租转买"购回厂房，从而节省租金、提高权益。而长贷是不能提前归还的，所以出售厂房比申请长贷要灵活。而节约资金的方式主要是减少广告费，推迟产品开发、市场开发和 ISO 认证，改生产线购买为融资租赁，改购买厂房为租赁厂房，推迟对生产线和厂房的投资，多订原材料获得较长的账期从而减少当年的现金支出。此外仍有可能出现其他的意外情况。这就需要企业对规则非常熟悉，从而做出最快速的反应。

4.5.4　战略制定、全面预算与应急措施的关系

战略制定、全面预算和应急措施三个方面并不是孤立的。三者只有互相配合才能发挥各自的重要作用，使团队在比赛中赢得较好的成绩。战略制定在很大程度上已经决定了团队最终能获得的所有者权益为多少。例如在经营后期尽量多销售 P3 和 P4 的企业所有者权益很有可能好于仍销售大量 P1 的企业，因为销售同样数量的 P3 和 P4 的毛利要高于销售 P1 获得的毛利。但是如果没有全面预算和应急措施作为

支撑，战略也只能是空中楼阁，不能有条不紊地实施操作。全面预算是用于分析战略的可行性的。好的战略可能由于资源或市场需求的限制而不能实施，全面预算就是用于帮助团队选择具有可行性的战略。没有全面预算会使实际中的广告费投入和选单带有严重的随机性，从而使企业对自身战略是否能够完全付诸实施没有把握。没有全面预算还使团队不能预测到可能的意外情况，也使意外情况出现的概率增加。应急措施虽只针对意外情况，但是正因为有应急措施才能更好地纠正实际与预期的偏差，保证预算和战略的实施。然而，无论是战略制定、全面预算还是应急措施都不能离开实际的练习。同时三个方面都涉及参与的每位队员，并不是由某一位队员就能完成的，因此团队中的配合与沟通同样至关重要。无论哪个环节出了问题而负责的队员未能想到解决办法都值得在团队中讨论。尤其在比赛过程中，每个队员都应该努力为团队出谋划策。

● 4.6　ERP 实训过程中的教师点评

ERP 沙盘模拟实训教学是一种通过模拟企业的真实经营过程，运用独特直观的教具，融入市场变数，结合角色扮演、情景模拟、教师点评，使受训学生在虚拟的市场竞争环境中全真体验企业数年的经营管理过程和情景的教学模式。这种教学模式能激发学生的学习兴趣，全面提高学生的综合素质。在整个教学设计中，其自始至终以学生为主导。学生通过亲身体验，感受一家工业生产企业生产经营全过程；同时在教学中，教师起引导、维持、促进学生学习的作用。笔者在多个班级的教学实践中发现，教师的点评是 ERP 沙盘模拟教学中的一个关键环节，对教学效果起着很好的作用，但是这一环节往往不被一些教师重视。因此我们要从点评的时间点选择、点评的内容设置以及点评的实际效果三个方面对这一问题予以重视。

4.6.1　点评的时间点选择

点评，主要是对学生在 ERP 沙盘模拟实训中的经营状况及经营过程中存在的问题进行分析和评价，一般应该在学生自主经营一定时间后才能进行。从时间上看，点评可以分为定时点评和随机点评两种。

1. 定时点评

定时点评是指教师把点评的时间固定在某个点上，如某年度结束。最佳的点评时间点可以确定为第二年度结束、第四年度结束和模拟实训结束这三个时间点。

（1）第二年度结束。第二年度是学生自主经营的第一年，由于缺乏经营经验，在这一年的经营过程中，学生会出现各种各样的问题，其中很多问题都是各个模拟企业所共有的。所以在第二年度经营结束时，教师应对这一年的经营情况做重点的分析和点评,解决学生在经营过程中出现的共性问题,使后继年度的经营过程更顺畅,经营成果更丰硕。

(2)第四年度结束。在模拟经营的第四年,实训内容中的产品订单上增加了应收款项目,该内容在第二、第三年中没有出现,对学生而言又是一项全新的内容。因此,学生在第四年的模拟经营中又会出现新的问题。这就需教师在第四年度结束时,对应收款项目做针对性的点评。

(3)模拟实训结束。一次沙盘模拟实训结束后,学生模拟经历了五六年的经营时间,积累了一定的经营经验,形成了各自的经营成果。然而不同的模拟企业在经营成果、生产布局、发展前景等方面存在着很大的差别,因此,教师在这个时间点上应对各个企业的经营状况和财务成果做全面的分析和评价。

2. 随机点评

随机点评是指在学生经营过程中出现问题时,教师抓住机会适时进行的点评。随机点评可以是针对个别企业在经营过程中出现的个例进行个体点评,也可以是针对各企业都有可能出现的共性问题进行总体点评。从时间上看,随机点评一般是在一个经营年度之内,而不是在经营年度结束后。

4.6.2 点评的内容设置

教师在教学中不仅要确定选择点评的时间点,更重要的是要科学地设置点评的内容。

1. 运行规则运用点评

ERP 沙盘模拟教学模式是一种集学习与游戏于一体的交互式教学模式。正如其他任何一款游戏一样,ERP 沙盘模拟教学也有其自身的游戏规则,主要有市场准入、产品研发、厂房使用、机器设备、材料采购、产品生产、市场订单、融资贷款、综合费用、违约处罚等十多项规则。学生在 ERP 沙盘模拟经营时必须按照这些运行规则进行。

运营规则往往以数据规则的形式呈现。我们依据近年来沙盘大赛规则数据的变动情况,将其分为不变规则和常变规则。不变规则往往包括贷款的额度、贷款利息率、贴现率、库存拍卖折扣、市场开拓费用与周期、原材料单价等。常变规则主要为厂房的类型、生产线的类型、原材料的种类、产品的成本与研发周期、ISO 认证费用等。不变规则中有许多数据都要求四舍五入或者向上取整。这对于企业模拟运营时财务成本的控制、减少利息费用起到了明显的作用。违约金与库存拍卖在运营中应尽可能避免,否则会对企业盈利产生不好的影响。控制财务成本在贷款、贴现方面用处很大。以贷款为例,长贷的利息是 10%,因此本年度贷款 14W 与贷款 10W,来年都只支付 1W 的利息;倘若贷款 15W,来年就支付 2W 的利息。由此可见贷款 15W 是不合适的。

因此，教师在教学过程中不仅应该让学生熟悉运行规则，同时也需要对运行规则中的重点内容做详细分析，让学生懂得如何合理运用规则。

2. 技术指标分析点评

运行规则只是规定了模拟经营中的一些基本规则，在实际模拟经营中还会有许多经营技巧。这些技巧需要学生对经营经验进行总结，也需要教师对学生进行适当的分析辅导。教师可以重点从设备产能、原材料订单、现金预算等方面入手，分析点评。

（1）设备产能分析。学生在刚开始投放广告获取产品订单时，往往只考虑怎样取得更多的产品订单，取得产品订单后，却不会进行产能分析，结果导致产品订单不能如期完成而违约。所以在开始经营时，让学生学会设备产能分析非常必要。比如，手工生产线生产 1 个产品需要 3 个季度，一条手工生产线一年一般只能下线 1 个产品；自动生产线每个季度能生产 1 个产品，则一年可以下线 4 个产品。如果一家模拟企业有 2 条手动线和 3 条自动线，则该企业一年一般可以下线 14 个产品。学生通过对企业现有设备进行产能分析以及考虑可能需要进行的设备投资，来确定年度可以获取的产品订单量，以避免因设备产能不足出现产品销售违约而给企业造成损失。

（2）原材料订单分析。由于运行规则中规定要提前一个季度下原材料订单，且 P2 产品需要 R1、R2 两种原材料，学生在经营过程中往往不能准确测算出什么时候该下多少原材料订单，尤其是在手工生产线上生产以及生产 P2 产品的时候。所以教师必须让学生学会如何根据生产线和产品的不同，正确地下原材料订单。比如一个模拟企业有 2 条手动线和 3 条自动线，手动线上的产品在第二季度上，原材料库中没有库存原材料，假设下季度准备投产 3 个 P1 产品、2 个 P2 产品，则该企业在本季度应该下的原材料订单为 5 个 R1 原材料、2 个 R2 原材料；如果手动线上的产品在第一季度上，则该企业在下季度只能投产 3 个产品，那么要下的原材料订单又会不一样。

（3）现金预算分析。在沙盘实训中，最容易引起破产的原因是资金链的断裂。学生在经营过程中经常会出现要还贷款的时候却没有足够的现金、下了材料订单却没有钱购买材料、年度结账后发现没钱投广告缴税款等问题。所以学生在自主经营时，还要学会如何进行现金预算、如何进行融资等。具体做法是在每个季度经营开始前，先进行现金预算，根据本季度的还本付息、材料采购、产品投产、购建生产线、应收款收现、综合费用支付以及下季度还本付息等情况，测算出所需现金，再根据季初现金结余和贷款额度等，确定本季度是否需要贷款或贷多少款项等。

3. 经营成果的点评

模拟企业经过五六年的经营，形成了一定的经营成果。不同的模拟企业经营成果肯定不一样：有的企业获利，有的企业亏损；有的企业获利多，有的企业获利少。教师在模拟经营结束时，应对各模拟企业的经营成果做全面的分析点评。

4.6.3　点评的实际效果

在 ERP 沙盘模拟教学中，教师通过对运行规则、技术指标、经营成果等方面的分析点评，可以取得良好的教学效果。其主要表现在以下几个方面：

（1）及时解决经营中出现的问题。模拟企业在经营过程中会出现各种各样的问题。通过教师的分析点评，模拟企业采取相应的补救措施，及时解决经营中出现的问题，以避免因此造成企业经营困难而导致破产等。

（2）有效激发学习者的学习兴趣。模拟经营中出现的问题不能得到及时解决，或者问题解决得不彻底，会使学生逐步失去继续经营下去的兴趣。教师点评，避免了模拟企业因经营不善、资金链断裂等原因引起的经营终止，使模拟企业能够正常地经营下去，并获取较大的经营利润，让学生有很大的成就感，有效维持了学生的学习兴趣。

（3）明显提高公司的经营业绩。教师分析点评，可以使学生尽快熟悉企业运行规则，减少现金预算不足、材料订单不及时、产品订单不能完成而违约等给企业带来的损失，使企业的经营利润最大化，明显提高了企业的经营业绩。

（4）全面提升教师的综合素质。教师在沙盘模拟教学中通过精心设计点评，分析反思点评的效果，可以提升自己的语言表达能力、综合分析能力、解决问题的能力等，从而全面提升自己的综合素质。

5 ERP 沙盘模拟软件的操作说明

在 ERP 实训过程中,对于学生在沙盘盘面上操作的相关数据,指导老师要及时予以记录。本章将介绍用友公司开发出的一套指导老师用的软件。

5.1 ERP 沙盘软件操作

该套软件不需要安装,它是一个压缩软件,我们只需要把该软件解压缩到电脑中某个位置就可以了。比如我们在 D 盘建立一个以 ERP 命名的文件夹,然后把压缩文件释放到该文件夹中,你就可以看到两个文件,一个是"ERP 沙盘模拟.ppt",另一个是"用友沙盘课程工具.xls"。"ERP 沙盘模拟.ppt"是一个演示文稿,包括与该实验有关的讲解。而指导老师记录实验数据用的软件是"用友沙盘课程工具.xls"。下面我们就对"用友沙盘课程工具.xls"软件的使用通过操作加以说明。

我们双击"用友沙盘课程工具.xls"文件,就会出现如图 5.1 所示的界面。

在该界面,我们可以看到该软件包含如下几项内容:广告录入、订单选择、报表录入、订单查询、交易查询、报表查询。这些都是与学生操作过程有关的数据录入项目。同时,该软件还有对学生每年经验结果的数据分析,包括销售分析、成本分析、财务分析、杜邦分析等。

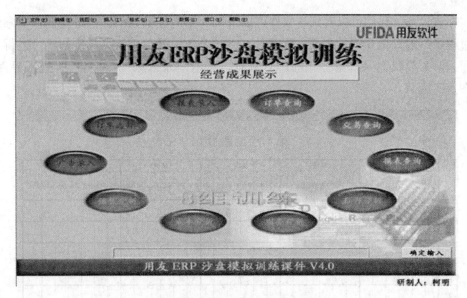

图 5.1　用友沙盘课程工具界面

5.2　实验数据录入

下面我们就对有关实验数据录入的操作进行说明。

1. 广告录入

进入图 5.1 的界面，点击广告录入，进入如图 5.2 所示界面。

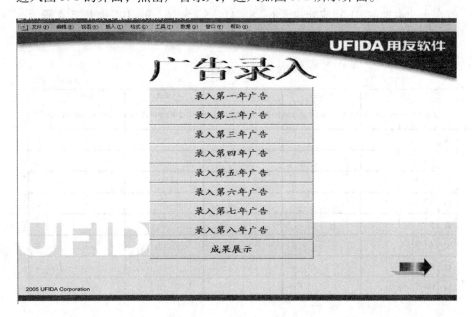

图 5.2　广告录入界面

在该界面，我们可以看到该软件可以录入 8 年的经验数据，但是我们在实际经验过程中一般只做 6 年。在录入数据时，指导老师根据学生沙盘操作的年份进行数据录入。假设我们录入第一年的广告数据，点击"录入第一年广告"，进入界面，如图 5.3 所示。

<table>
<tr><td colspan="33" align="center">文件(F) 编辑(E) 视图(V) 插入(I) 格式(O) 工具(T) 数据(D) 窗口(W) 帮助(H)</td></tr>
<tr><td colspan="31" align="center">第一年广告登记</td><td colspan="2" align="center">封存广告单</td></tr>
<tr><td></td><td colspan="6" align="center">（本地）</td><td colspan="6" align="center">（区域）</td><td colspan="6" align="center">（国内）</td><td colspan="6" align="center">（亚洲）</td><td colspan="6" align="center">（国际）</td><td rowspan="2">广告合计</td></tr>
<tr><td></td><td>P1</td><td>P2</td><td>P3</td><td>P4</td><td>9K</td><td>14K</td><td>P1</td><td>P2</td><td>P3</td><td>P4</td><td>9K</td><td>14K</td><td>P1</td><td>P2</td><td>P3</td><td>P4</td><td>9K</td><td>14K</td><td>P1</td><td>P2</td><td>P3</td><td>P4</td><td>9K</td><td>14K</td><td>P1</td><td>P2</td><td>P3</td><td>P4</td><td>9K</td><td>14K</td></tr>
<tr><td>A</td><td></td><td></td><td></td><td></td><td></td><td></td><td></td><td></td><td></td><td></td><td></td><td></td><td></td><td></td><td></td><td></td><td></td><td></td><td></td><td></td><td></td><td></td><td></td><td></td><td></td><td></td><td></td><td></td><td></td><td></td><td></td></tr>
<tr><td>B</td><td></td><td></td><td></td><td></td><td></td><td></td><td></td><td></td><td></td><td></td><td></td><td></td><td></td><td></td><td></td><td></td><td></td><td></td><td></td><td></td><td></td><td></td><td></td><td></td><td></td><td></td><td></td><td></td><td></td><td></td><td></td></tr>
<tr><td>C</td><td></td><td></td><td></td><td></td><td></td><td></td><td></td><td></td><td></td><td></td><td></td><td></td><td></td><td></td><td></td><td></td><td></td><td></td><td></td><td></td><td></td><td></td><td></td><td></td><td></td><td></td><td></td><td></td><td></td><td></td><td></td></tr>
<tr><td>D</td><td></td><td></td><td></td><td></td><td></td><td></td><td></td><td></td><td></td><td></td><td></td><td></td><td></td><td></td><td></td><td></td><td></td><td></td><td></td><td></td><td></td><td></td><td></td><td></td><td></td><td></td><td></td><td></td><td></td><td></td><td></td></tr>
<tr><td>E</td><td></td><td></td><td></td><td></td><td></td><td></td><td></td><td></td><td></td><td></td><td></td><td></td><td></td><td></td><td></td><td></td><td></td><td></td><td></td><td></td><td></td><td></td><td></td><td></td><td></td><td></td><td></td><td></td><td></td><td></td><td></td></tr>
<tr><td>F</td><td></td><td></td><td></td><td></td><td></td><td></td><td></td><td></td><td></td><td></td><td></td><td></td><td></td><td></td><td></td><td></td><td></td><td></td><td></td><td></td><td></td><td></td><td></td><td></td><td></td><td></td><td></td><td></td><td></td><td></td><td></td></tr>
<tr><td>G</td><td></td><td></td><td></td><td></td><td></td><td></td><td></td><td></td><td></td><td></td><td></td><td></td><td></td><td></td><td></td><td></td><td></td><td></td><td></td><td></td><td></td><td></td><td></td><td></td><td></td><td></td><td></td><td></td><td></td><td></td><td></td></tr>
<tr><td>H</td><td></td><td></td><td></td><td></td><td></td><td></td><td></td><td></td><td></td><td></td><td></td><td></td><td></td><td></td><td></td><td></td><td></td><td></td><td></td><td></td><td></td><td></td><td></td><td></td><td></td><td></td><td></td><td></td><td></td><td></td><td></td></tr>
</table>

图 5.3　第一年广告登记

在该界面显示出 8 组竞争企业在五个不同市场中的竞单情况。指导老师可依据学生在试验操作表中的数据进行录入。例如 A、B、C、D、E、F、G、H 8 家企业第一年在本地市场对于 P1 产品分别投了 6M、8M、11M、5M、5M、6M、9M、10M 的广告费，就在企业本地的 P1 相应处输入 6、8、11、5、5、6、9、10，如图 5.4 所示。

<table>
<tr><td colspan="33" align="center">文件(F) 编辑(E) 视图(V) 插入(I) 格式(O) 工具(T) 数据(D) 窗口(W) 帮助(H)</td></tr>
<tr><td colspan="31" align="center">第一年广告登记</td><td colspan="2" align="center">封存广告单</td></tr>
<tr><td></td><td colspan="6" align="center">（本地）</td><td colspan="6" align="center">（区域）</td><td colspan="6" align="center">（国内）</td><td colspan="6" align="center">（亚洲）</td><td colspan="6" align="center">（国际）</td><td rowspan="2">广告合计</td></tr>
<tr><td></td><td>P1</td><td>P2</td><td>P3</td><td>P4</td><td>9K</td><td>14K</td><td>P1</td><td>P2</td><td>P3</td><td>P4</td><td>9K</td><td>14K</td><td>P1</td><td>P2</td><td>P3</td><td>P4</td><td>9K</td><td>14K</td><td>P1</td><td>P2</td><td>P3</td><td>P4</td><td>9K</td><td>14K</td><td>P1</td><td>P2</td><td>P3</td><td>P4</td><td>9K</td><td>14K</td></tr>
<tr><td>A</td><td>6</td><td></td><td></td><td></td><td></td><td></td><td></td><td></td><td></td><td></td><td></td><td></td><td></td><td></td><td></td><td></td><td></td><td></td><td></td><td></td><td></td><td></td><td></td><td></td><td></td><td></td><td></td><td></td><td></td><td></td><td>6</td></tr>
<tr><td>B</td><td>8</td><td></td><td></td><td></td><td></td><td></td><td></td><td></td><td></td><td></td><td></td><td></td><td></td><td></td><td></td><td></td><td></td><td></td><td></td><td></td><td></td><td></td><td></td><td></td><td></td><td></td><td></td><td></td><td></td><td></td><td>8</td></tr>
<tr><td>C</td><td>11</td><td></td><td></td><td></td><td></td><td></td><td></td><td></td><td></td><td></td><td></td><td></td><td></td><td></td><td></td><td></td><td></td><td></td><td></td><td></td><td></td><td></td><td></td><td></td><td></td><td></td><td></td><td></td><td></td><td></td><td>11</td></tr>
<tr><td>D</td><td>5</td><td></td><td></td><td></td><td></td><td></td><td></td><td></td><td></td><td></td><td></td><td></td><td></td><td></td><td></td><td></td><td></td><td></td><td></td><td></td><td></td><td></td><td></td><td></td><td></td><td></td><td></td><td></td><td></td><td></td><td>5</td></tr>
<tr><td>E</td><td>5</td><td></td><td></td><td></td><td></td><td></td><td></td><td></td><td></td><td></td><td></td><td></td><td></td><td></td><td></td><td></td><td></td><td></td><td></td><td></td><td></td><td></td><td></td><td></td><td></td><td></td><td></td><td></td><td></td><td></td><td>5</td></tr>
<tr><td>F</td><td>6</td><td></td><td></td><td></td><td></td><td></td><td></td><td></td><td></td><td></td><td></td><td></td><td></td><td></td><td></td><td></td><td></td><td></td><td></td><td></td><td></td><td></td><td></td><td></td><td></td><td></td><td></td><td></td><td></td><td></td><td>6</td></tr>
<tr><td>G</td><td>9</td><td></td><td></td><td></td><td></td><td></td><td></td><td></td><td></td><td></td><td></td><td></td><td></td><td></td><td></td><td></td><td></td><td></td><td></td><td></td><td></td><td></td><td></td><td></td><td></td><td></td><td></td><td></td><td></td><td></td><td>9</td></tr>
<tr><td>H</td><td>10</td><td></td><td></td><td></td><td></td><td></td><td></td><td></td><td></td><td></td><td></td><td></td><td></td><td></td><td></td><td></td><td></td><td></td><td></td><td></td><td></td><td></td><td></td><td></td><td></td><td></td><td></td><td></td><td></td><td></td><td>10</td></tr>
</table>

图 5.4　第一年广告费登记

然后双击右上角的"封存广告",保存数据,会自动进入如下界面,如图 5.5 所示。

图 5.5 订单签约

出现该界面表示当年的广告数据已经录入完成,不能修改,然后进入下一项数据录入,即"订单选择"数据录入。

2. 订单选择数据录入

双击"用友沙盘课程工具界面",进入图 5.1 所示界面,点击订单选择,进入界面如图 5.5 所示。根据学生提交的订单数据,在相应年份、相应市场进行数据录入。例如 8 组企业现在经营到了第 1 年,A、B、C、D、E、F、G、H 8 家企业第一年在本地市场对于 P1 产品分别投了 6M、8M、9M、5M、5M、6M、9M、7M 的广告费。我们依据上表进行广告数据录入,广告封存后进入订单选择,出现如图 5.6 所示的界面。

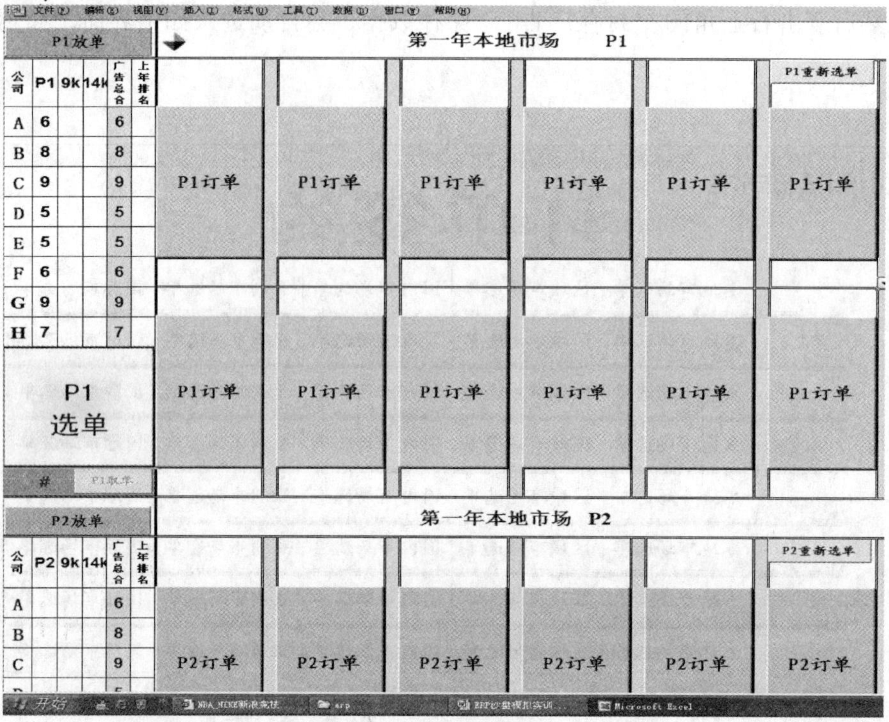

文件(F) 编辑(E) 视图(V) 插入(I) 格式(O) 工具(T) 数据(D) 窗口(W) 帮助(H)

| P1放单 | → | 第一年本地市场 P1 | | | | | | P1重新选单 |

公司	P1	9k	14k	广告总合	上年排名
A	6				6
B	8				8
C	9				9
D	5				5
E	5				5
F	6				6
G	9				9
H	7				7

P1 选单

P1订单 （各格）

| # | P1取单 |

P2放单　第一年本地市场 P2　P2重新选单

公司	P2	9k	14k	广告总合	上年排名
A					6
B					8
C					9

P2订单

图 5.6　订单选择

双击"P1选单"，出现如图 5.7 所示界面。

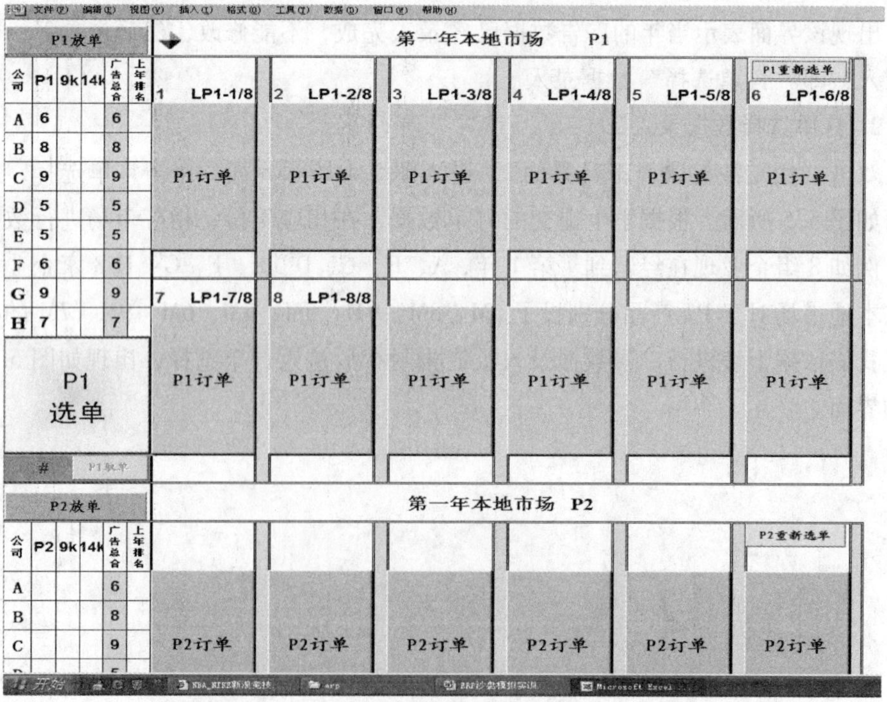

文件(F) 编辑(E) 视图(V) 插入(I) 格式(O) 工具(T) 数据(D) 窗口(W) 帮助(H)

| P1放单 | → | 第一年本地市场 P1 | | | | | | P1重新选单 |

公司	P1	9k	14k	广告总合	上年排名
A	6				6
B	8				8
C	9				9
D	5				5
E	5				5
F	6				6
G	9				9
H	7				7

1 LP1-1/8　2 LP1-2/8　3 LP1-3/8　4 LP1-4/8　5 LP1-5/8　6 LP1-6/8

P1订单

7 LP1-7/8　8 LP1-8/8

P1 选单

P1订单

| # | P1取单 |

P2放单　第一年本地市场 P2　P2重新选单

公司	P2	9k	14k	广告总合	上年排名
A					6
B					8
C					9

P2订单

图 5.7　P1 选单

在图 5.7 中我们看到 P1 类订单都是反过来的，看不到每张订单的具体数据。我们可以用鼠标在每张订单上双击，把订单翻转过来，就可以看到每张订单的数据了，如图 5.8 所示。

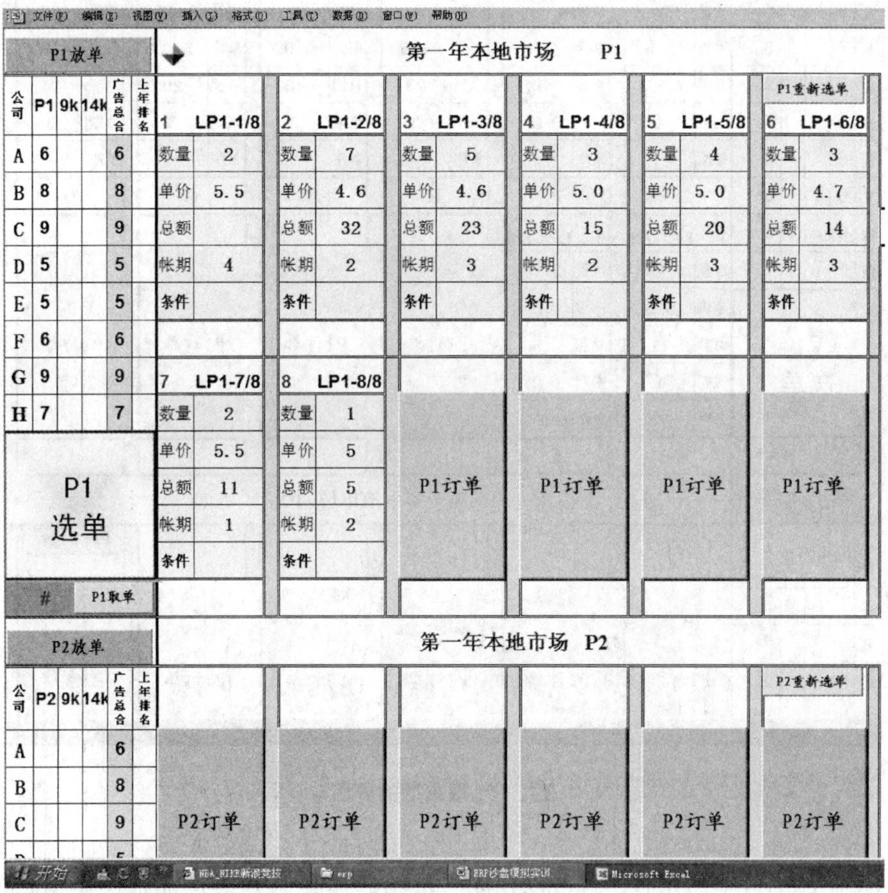

图 5.8 每张订单的数据

注："帐期"正确的应为"账期"，但软件开发商用"帐期"，故无法修改。（下同）

这个时候指导老师可以依据竞单规则、每组企业的取单意向进行选单了。因为该数据是随机填的，并不是依据每组企业每年竞单数据而来的，所以在图 5.8 的左边数据栏里缺少了"上年排名"数据。指导老师根据取单的有关规则及每组企业取单意向进行取单后可以看到如下界面，如图 5.9 所示。

| 图(Q) | 文件(E) | 编辑(E) | 视图(V) | 插入(I) | 格式(Q) | 工具(T) | 数据(D) | 窗口(W) | 帮助(H) |

| P1放单 | → | | | | 第一年本地市场 P1 | | | | |

公司	P1	9k	14k	广告总合	上年排名	1 LP1-1/8	2 LP1-2/8	3 LP1-3/8	4 LP1-4/8	5 LP1-5/8	6 LP1-6/8 (P1重新选单)
A	6				6	数量 2	数量 7	数量 5	数量 3	数量 4	数量 3
B	8				8	单价 5.5	单价 4.6	单价 4.6	单价 5.0	单价 5.0	单价 4.7
C	9				9	总额 32	总额 32	总额 23	总额 15	总额 20	总额 14
D	5				5	帐期 4	帐期 2	帐期 3	帐期 2	帐期 3	帐期 3
E	5				5	条件	条件	条件	条件	条件	条件
F	6				6	A	F	H	B	G	D
G	9				9	7 LP1-7/8	8 LP1-8/8				
H	7				7	数量 2	数量 1				
						单价 5.5	单价 5				
P1 选单						总额 11	总额 5	P1订单	P1订单	P1订单	P1订单
						帐期 1	帐期 2				
						条件	条件				
#	P1取单					C	E				

| P2放单 | | | | | 第一年本地市场 P2 | | | | |

公司	P2	9k	14k	广告总合	上年排名						P2重新选单
A					6						
B					8						
C					9	P2订单	P2订单	P2订单	P2订单	P2订单	P2订单
D					5						

| 开始 | | | NBA_NIKE新浪竞技… | erp | ERP沙盘模拟实训 | Microsoft Excel |

图 5.9 取单后的界面

P1 产品的订单选完后，就可以在同一市场选择其他 P 类产品，操作步骤跟 P1 产品的相似。所有 P 类产品选择完了，必须记住要保存数据，可以按 CTRL+S 键保存，也可以点击文件，选择保存。

3. 报表的录入

在图 5.1 中选择"报表录入"，进入如下界面，如图 5.10 所示。

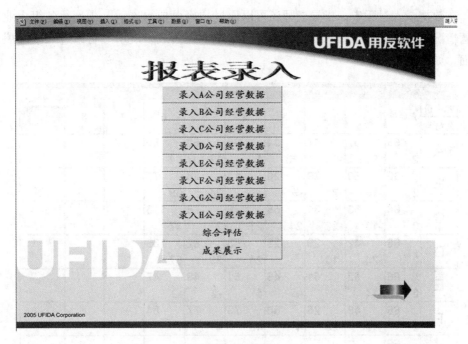

图 5.10　报表录入

进入报表录入后，指导老师根据每组企业的经营年度、经营情况，分别录入相关的数据，如图 5.11 所示。

年份	管理费	广告费	设备维护	厂房租金	转产费	市场开拓	ISO认证	产品研发	其它	总计	P1 收入	P1 数量	P1 成本	P2 收入	P2 数量	P2 成本	P3 收入	P3 数量	P3 成本	P4 收入	P4 数量	P4 成本
1年	4	2	4						3	13	11	2	4									
2年	4	7	4						1	16	35	8	16									
3年	4	8	4							16	11	2	4	14	2	6						
4年	4	8	4							16	30	7	14	17	2	6						
5年	4	4	5			1				14	11	3	6	22	3	9						
6年	4	4	5							13	15	4	8	20	3	9						
7年																						
8年																						

成员名单
- 总裁
- 营销主管
- 财务主管
- 生产主管
- 供应主管
- 财务助理
- 营销助理
- 生产助理
- 供应助理

模拟公司名称

利润表

项目	1	2	3	4	5	6	7	8
销售收入	11	35	25	47	33	35		
直接成本	4	16	10	20	15	17		
毛利	7	19	15	27	18	18		
综合费用	13	16	16	16	14	13		
折旧前利润	-6	3	-1	11	4	5		
折旧	4					1		
息前利润	-10	3	-1	11	4	4		
财务收/支	4	4	4	6	6	6		
额外收/支								
税前利润	-14	-1	-5	5	-2	-2		
税								
净利润	-14	-1	-5	5	-2	-2		

资产

流动资产	1	2	3	4	5	6	7	8
现金	31	27	22	29	11	12		
应收		9	25	31	33	35		
在制品	2	8	8	4	13	11		
产成品	12		4					
原材料	2	2	2	2	2			
流动合计	47	46	61	66	59	58		
固定资产								
土地和建筑	40	40	40	40	40	40		
机器设备	5	5	5	5	10	9		
在建工程								
固定合计	45	45	45	45	50	49		
资产总计	92	91	106	111	109	107		

负债+权益

负债	1	2	3	4	5	6	7	8
长期负债	40	40	60	60	60	60		
短期负债								
应付款								
应缴税								
1年期长贷								
负债合计	40	40	60	60	60	60		
权益								
股东资本	50	50	50	50	50	50		
利润留存	16	2	1	-4	1	-1		
年度利润	##	-1	-5	5	-2	-2		
权益小计	52	51	46	51	49	47		
负债权益总计	92	91	106	111	109	107		

图 5.11　报表录入数据

注：表中的部分项目与新会计准则不符，但所用软件如此，故不能修改。（下同）

在数据录入过程中，指导老师还可以通过"经营成果展示"项展示各组企业的经营情况。当软件处于图 5.1 的界面时，点击"经营成果展示"可以进入成果展示界面，如图 5.12 所示。

年份 / 公司	起始年	1	2	3	4	5	6	7	8	市场地位
A	66 / 2	57 / -9	47 / -10	34 / -13	35 / 1	52 / 17	86 / 34			
B	66 / 2	50 / -16	29 / -21	20 / -9	14 / -6	38 / 24	77 / 39			
C	66 / 2	53 / -13	31 / -22	55 / 24	76 / 21	78 / 2	115 / 37			
D	66 / 2	42 / -24	29 / -13	29	53 / 24	82 / 29	139 / 57			
E	66 / 2	52 / -14	51 / -1	46 / -5	51 / 5	49 / -2	47 / -2			
F	66 / 2	49 / -17	26 / -23	30 / 4	73 / 43	77 / 4	84 / 7			
G	66 / 2									
H	66 / 2									

图 5.12 各组企业经营成果展示

在图 5.12 的状态下，点击右上角的"市场地位"可以查看各企业在各个市场中的地位，如图 5.13 所示。

市场 / 年份	本地	区域	国内	亚洲	国际
1	A				
2	B	D			
3	A	D	C		
4	F	D	C	C	
5	A	D	B	B	
6	D	A	B	C	B
7					
8					

查看各市场销售排名

图 5.13 查看各市场销售排名

4. 订单查询

在图 5.1 界面进入"订单查询",可以查找某企业在所有年份的订单情况,如图 5.14 所示。

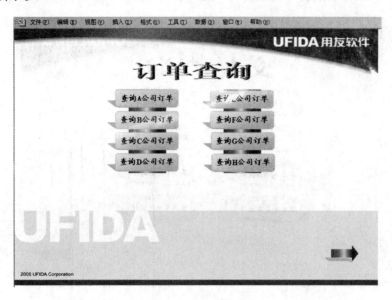

图 5.14 订单查询

在图 5.14 所示的界面,我们可以进入任何企业进行订单查询,如 A 公司。点击"查询 A 公司订单",进入界面,如图 5.15 所示。

序号	年份	市场	产品	数量	价格	收入	账期	套件	编号	完成
1	1	本地	P1	7	4.6	32	2		LP1-2/8	
2	1	本地	P1	1	5	5	2		LP1-8/8	
3	2	本地	P1	4	4.8	19	2		LP1-2/8	
4	2	本地	P2	3	5	15			LP2-3/4	
5	3	本地	P1	3	5	15	4		LP1-5/7	
6	3	本地	P2	3	9	27	4		LP2-4/6	
7	3	本地	P2	3	7.7	23	2		LP2-5/6	
8	4	本地	P1	5	4.4	22	2		LP1-2/8	
9	4	本地	P2	2	8	16	1		LP2-3/7	
10	4	本地	P3	2	7.5	15	2		LP3-1/4	
11	4	区域	P2	2	6.5	13	1		RP2-2/6	
12	5	本地	P1	2	4	8	1		LP1-7/7	
13	5	本地	P2	4	7.3	29	3		LP2-1/8	
14	5	本地	P3	3	8.7	26	1		LP3-5/7	
15	5	区域	P2	3	5.7	17	2		RP2-4/5	
16	5	区域	P3	2	8	16	3		RP3-1/7	
17	6	本地	P3	2	9	18	1		LP3-4/7	
18	6	区域	P1	2	4	8	3		RP1-3/3	
19	6	区域	P2	3	7.7	23	3	ISO9000	RP2-1/5	
20	6	区域	P3	2	9.5	19	4		RP3-2/5	
21	6	区域	P3	4	8.3	33	4	ISO9000 14000	RP3-3/5	
22	6	国内	P3	3	9	27	2	加急	DP3-6/6	

图 5.15 A 公司订单

在图 5.15 中，我们可以查询 A 公司在所有年份的订单状况。

5. 交易查询

在图 5.1 界面，点击"交易查询"进入查询界面，如图 5.16 所示。

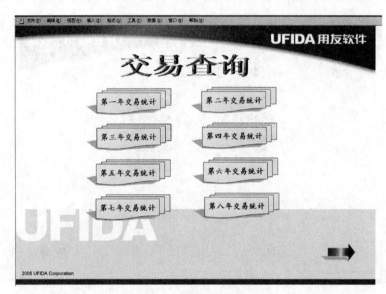

图 5.16　交易查询界面

根据自己需要查询的年份，点击进入，即可查询该年份任何企业的交易状况。例如我们进入第一年交易统计会出现如图 5.17 所示的界面。

公司	项目	本地						区域						国内						亚洲						国际							P1	P2	P3	P4
		P1	P2	P3	P4	9K	14	P1	P2	P3	P4	9K	14	P1	P2	P3	P4	9K	14	P1	P2	P3	P4	9K	14	P1	P2	P3	P4	9K	14					
A	广	10																															10			
	额	37																															37			
	数	8																															8			
B	广	8																															8			
	额	20																															20			
	数	4																															4			
C	广	8																															8			
	额	34																															34			
	数	7																															7			
D	广	3																															3			
	额	14																															14			
	数	3																															3			
E	广	2																															2			
	额	11																															11			
	数	2																															2			
F	广	5																															5			
	额	15																															15			
	数	3																															3			
G	广																																			
	额																																			
	数																																			
H	广																																			
	额																																			
	数																																			

图 5.17　第一年交易统计

6. 报表查询

在图 5.1 所示的界面，点击"报表查询"，出现如图 5.18 所示的界面。

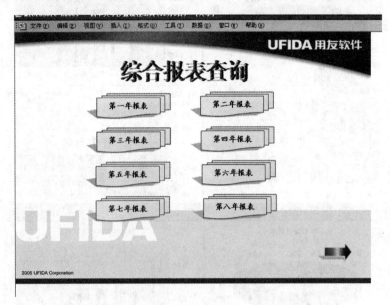

图 5.18　综合报表查询

我们点击"第一年报表"，进入如下界面，图 5.19 所示。

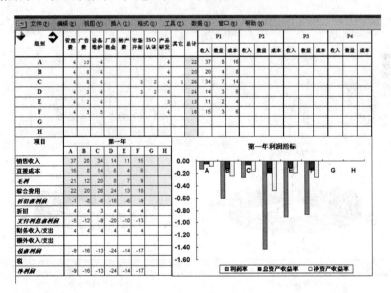

图 5.19　第一年报表

7. 销售分析

在图 5.1 所示的界面点击"销售分析"，进入分析界面，可以看到企业在各个年度的市场占有率、广告产出比的分析情况。这有助于各个企业在经营过程中，根据自己的实际情况调整广告投入策略及市场开发战略，如图 5.20 所示。

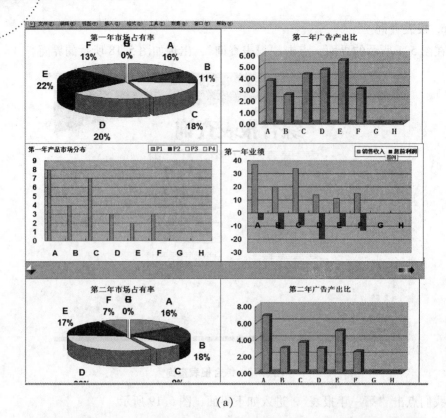

(a)

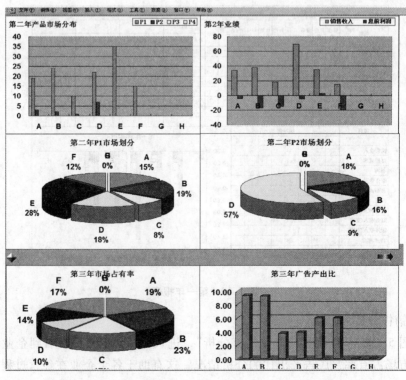

(b)

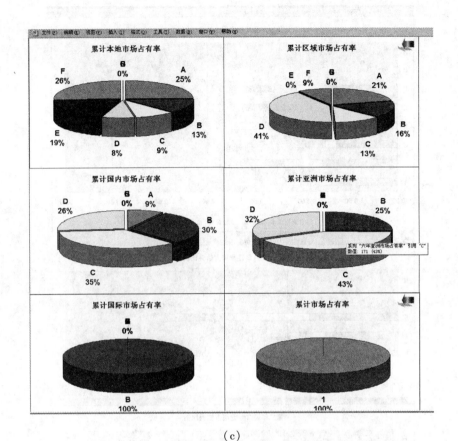

（c）

图 5.20　销售分析

8. 成本分析

在图 5.1 所示的界面，点击"成本分析"，进入分析界面，如图 5.21 所示。

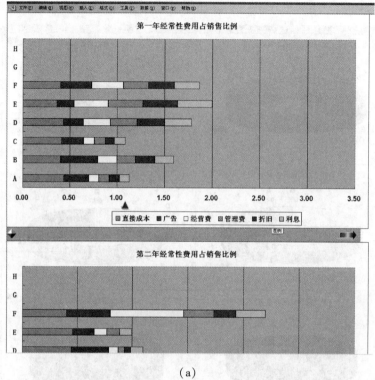

(a)

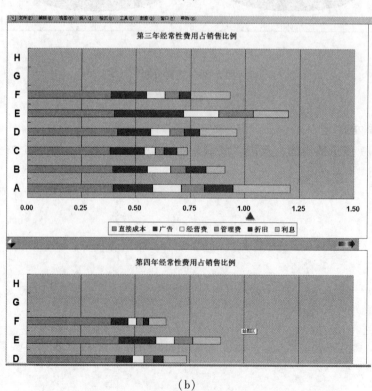

(b)

图 5.21　成本分析

9. 财务分析

在图 5.1 所示的界面，点击"财务分析"，进入分析界面，出现如图 5.22 所示的界面。

指标类	指标	第二年								平均	A	B	C	D	E
		A	B	C	D	E	F	G	H						
收益力	毛利率	50.00%	57.89%	61.11%	55.71%	54.29%	60.00%			28.25%	1.77	2.05	#	#	#
	利润率	-11.76%	-44.74%	-83.33%	-7.14%	8.57%	-126.67%			-22.09%			#	#	#
	总资产收益率	-3.74%	-19.10%	-9.93%	-3.88%	3.30%	-11.45%			-3.73%			#	#	#
	净资产收益率	-8.51%	-58.62%	-48.39%	-17.24%		-73.08%			-16.66%			#	#	#
成长力	收入成长率	-8.11%	90.00%	-47.06%	400.00%	218.18%				54.42%		1.65		#	#
	利润成长率	11.11%	31.25%	69.23%	-45.83%	-92.86%	35.29%			0.68%	####	####	#		
	净资产成长率	-17.54%	-42.00%	-41.51%	-30.95%	-1.92%	-46.94%			-16.07%			#	#	#
安定力	流动比率	0.78	0.48	0.67	0.68	1.15	0.78			0.76	1.03	0.64	#		
	速动比率		0.45	1.63			1.15			0.54		0.34			
	固定资产长期适配率	0.56	0.87	0.64	0.47	0.49	0.54			0.60	1.06	0.69	#	#	
	资产负债率	0.56	0.67	0.79	0.78	0.44	0.84			0.68	1.21	1.01	#	#	
活动力	应收账款周转率	-0.22		-0.58		0.67				-0.02			#		
	存货周转率	1.31	0.86	0.54	1.72	1.23	0.19			0.98	1.34	0.89	#	#	
	固定资产周转率	0.62	0.72	0.28	1.11	0.78	0.26			0.63	0.99	1.15	#	#	
	总资产周转率	0.30	0.42	0.12	0.61	0.38	0.12			0.33	0.93	1.30	#	#	

图 5.22　财务分析

10. 杜邦分析

在图 5.1 所示的界面，点击"杜邦分析"，进入如下界面，如图 5.23 所示。

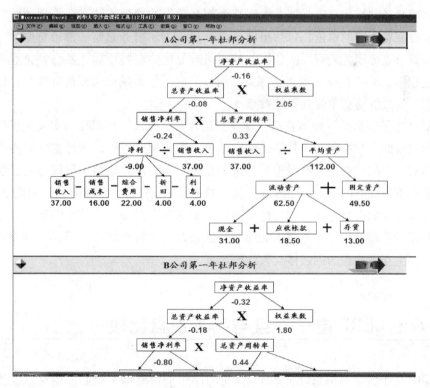

图 5.23　杜邦分析

教师用 ERP 沙盘模拟软件主要包括以上十个部分的内容。

6　ERP 电子沙盘

　　电子沙盘实训课程将模拟企业作为课程的主体，再现了企业经营管理的过程，将企业的主要部门和工作对象制作成电子虚拟模型，把企业运营所处的内外环境抽象为市场与经营规则，由受训者组成数个相互竞争的管理团队。在管理团队中，不同的人扮演着不同的角色，包括担任企业总裁 CEO、财务总监、营销总监、生产总监、采购总监等职务进行团队合作，共同面对变化的市场环境，参与到企业模拟运营的过程中，将"企业"搬进了课堂。所以，电子沙盘模拟课程具有参与性强、互动性高、实战性与竞争性并存的特点。

　　ERP 电子沙盘是一种体验式、新颖的互动教学模式。在课程的实训过程中，学生作为主要的参与角色，老师只是辅助角色。在实训过程中，老师主要是在每个季度之后对学生的综合经营情况进行分析和点评，同时适当地给予建议，对于学生容易混淆和不易理解的规则给予解答。其目的主要是模拟现实企业的运营和竞争过程。电子沙盘实训课程通过学生的角色扮演、老师的专家点评，让学生能够更好地了解企业的经营管理过程，并能更生动地参与到企业决策管理之中，形成一种学生参与度高、师生互动性强的创新体验教学模式。

6.1　ERP 电子沙盘与手工沙盘比较

　　ERP 电子沙盘模拟系统是基于 WEB 的操作平台模拟了企业市场竞争及经营过程，通过对运作过程的主要环节控制，可以使实验完全依照对抗规则进行，有效地防止了学生的误操作和不规范行为；该系统可以自动核对现金流，并依据现金流对企业运行进行控制，避免了随意挪用现金等操作，真实反映了现金对企业运行的关键作用；系统还实现了交易活动（包括银行贷款、销售订货、原材料采购、交货、应收账款回收和市场调查等）的本地操作，以及操作合法性验证的自动化。

　　ERP 沙盘模拟主要使用 ERP 实物沙盘和 ERP 电子沙盘为竞赛平台。目前 ERP 电子沙盘主要有"商战""创业者""创业之星""创业之旅"等平台。这里主要介绍"商战"系统。"商战"系统是为工商管理、物流管理等经管类专业学生所熟悉的企业经营业务流程模拟系统，是基于流程的互动经营模式，涉及整体战略、产品研发、设备投资改造、生产能力规划与排程、物料需求计划、资金需求规划、市场与销售、财务经济指标分析、团队沟通与建设等多个方面。它全真模拟企业市场竞争及经营过程，使学生在掌握理论知识的同时熟悉企业经营的实际操作过程，真实感受市场氛围；既可以让学生全面掌握经管知识，又可使学生树立团队精神、责任意识，培养企业真正需要的才人，增强学生的社会就业竞争力。

6.1.1　ERP 电子沙盘与手工沙盘的相同点

　　ERP 沙盘模拟教学先后经历了手工沙盘和电子沙盘的发展阶段，两者各有其特点。尽管 ERP 手工沙盘和电子沙盘在沙盘形式、初始状态、运行规则、监控方法等方面存在诸多不同，但是两者之间也存在一些相同之处。

　　（1）ERP 手工沙盘与电子沙盘的运行流程是完全相同的。在 ERP 手工沙盘和电子沙盘实验中，都涵盖了一个企业的主要资源，包括人、财、物和信息等资源，以及企业的主要运营环节，包括采购、销售、生产、融资、收款等环节。因此，只要熟悉了 ERP 手工沙盘的企业运营流程，就可以运用到 ERP 电子沙盘中去。

　　（2）ERP 手工沙盘和电子沙盘的运行规则是相似的。尽管 ERP 手工沙盘与电子沙盘在模拟企业的初始状态上存在很大差异：ERP 手工沙盘在模拟企业运行时的初始状态是已经经营三年的生产制造型企业，并拥有自主大厂房，安装了三条手工线和一条半自动生产线，并且 P1 产品已经在本地市场进行销售，有一定知名度；而电子沙盘在模拟企业运行时的初始状态是一个新企业。但是在对企业进行经营管理的过程中，它们所涉及的原材料采购规则、产品生产规则、市场销售规则、新产品研发规则、市场开拓规则、ISO 认证规则等基本相同，只需要修改几个参数就可以。

　　（3）ERP 手工沙盘和电子沙盘的角色分工是相似的。在 ERP 的手工沙盘和电子沙盘的模拟过程中，对参与实验的学生进行的角色分工，主要包括 CEO（首席执行官）、CFO（财务总监）、CBO（采购总监）、CPO（生产总监）、CMO（营销总监）等，每个角色都有自己的职责，只有大家齐心协作才能保证整个团队所经营的企业能够正常运转。在手工沙盘中，每个角色都在沙盘特定的位置上；而在电子沙盘中，各个角色需要在电脑上点击不同的按钮进行操作。

6.1.2 ERP 电子沙盘与手工沙盘的区别

（1）评分标准不同。ERP 手工沙盘的评分标准主要包括两方面：一方面是比期末收益；另一方面是比期末权益乘以各项加权系数的结果。ERP 电子沙盘采用的评分标准是以平衡记分卡为模版，从本期利润、市场份额、战略得分以及成长表现等方面入手进行综合评价，全面考察学生的经营状况。

（2）模拟规则不同。ERP 手工沙盘和电子沙盘模拟的规则在企业贷款、市场研发和产品研发等方面是相同的，在其他方面都有一些差别；电子沙盘的运行规则更接近实际企业经营。

（3）可变参数及考虑因素有所不同。与手工沙盘相比，电子沙盘的使用者可以考虑的变量增多，挑战性更强。ERP 手工沙盘模拟实训具有直观性和趣味性的特点，因此学生在实训过程中能够亲身参与企业经营过程，增强使命感，能够真正投入角色，增强主观能动性。但是 ERP 手工沙盘模拟在运行监控上存在很大难度，使指导教师必须花费大量时间和精力来进行监控，也容易使学生产生作弊行为。而 ERP 电子沙盘的可控性强，监控工作量小，学生的每步操作都要输入电脑，而且每步操作都具有不可逆转性。这迫使学生在进行操作时更加谨慎，认真负责地面对每一项决策。但是 ERP 电子沙盘缺乏手工沙盘的真实感，很像一个财务软件，在实训时学生的参与程度差别很大，有些学生则显得无所事事。

（4）电子沙盘流程控制更加严格，不允许任意改变经营流程表顺序，特别是对经营难度有影响的顺序——如必须先还旧债再借新债。系统对各项任务操作次数有严格规定，某些节点每个季度只能操作一次，某些节点可以操作多次。某些工作在手工沙盘上需要通过操作沙盘教具完成，在电子沙盘中则由系统自动完成——如更新贷款、产品下线、扣管理费等。

6.1.3 电子沙盘与手工沙盘的结合

根据 ERP 手工沙盘与电子沙盘的联系与区别，我们考虑在 ERP 沙盘实训时，采用 ERP 手工沙盘与电子沙盘整合的教学模式。在 ERP 沙盘模拟课程的教学实践过程中，笔者总结出两种 ERP 手工沙盘与电子沙盘整合的教学模式。

1. 手工沙盘与电子沙盘的有机结合模式

在 ERP 沙盘的这种运行模式中，先进行 6 年的手工沙盘的操作，接着再进行 6 年的电子沙盘的操作。在这两段时间内，实现手工沙盘与电子沙盘的先后对接。在手工沙盘运行中，学生有充足的时间去了解企业的初始状态，熟悉企业的运行规则，制定企业的战略规划，执行企业的操作决策，总结模拟企业经营的得失；然后在下一阶段的电子沙盘的运行中，将成功的经验用于电子沙盘，克服失败的教训，对手工沙盘和电子沙盘的差异性进行局部调整，从而可以在电子沙盘的运行中获得事半功倍的效果。

2. 部分 ERP 手工沙盘与全程电子沙盘的有机结合

在 ERP 沙盘的这种整合模式中，学生先在手工沙盘完成前 3 个年度的运行。学生在这 3 个年度的运行过程中，首先了解和熟悉 ERP 沙盘的基本原理、主要内容、运行流程以及经营规则等内容；同时感受 ERP 手工沙盘的现场感、直观性和趣味性，并总结手工沙盘运行中的经验教训；随后，再分析手工沙盘与电子沙盘的差异性，再进行电子沙盘的操作，并完成电子沙盘 6 个年度的运行。

6.1.4　电子沙盘实训在教学中的思考

1. 根据实际情况对学生角色的任务进行调整

教师在具体的教学过程中就要注意引导学生进行不同角色任务的扮演。例如，总经理虽然在系统上的决策较少，但是总经理的职责是要协同小组全体成员并且指导其他成员做出相应的决策，所以其作用实际上是非常重大的；人力资源总监在现实中主要负责员工绩效的考核，但是在电子沙盘模拟实训系统中其关注的是市场的决策和竞争，所以人力资源总监角色的行使就显得不足，成为一个虚职。对于系统的不足，我们联系实际，给人力资源总监的角色赋予了一个新的任务——商业间谍，负责对其他公司信息的收集。这样便增加了学生学习的乐趣和各个小组之间的互动，提高了学生的学习主动性。

2. 正确把握实训时师生角色

平常的教学过程，都是以教师教学为主，学生在学习过程中往往很被动，久而久之，师生都习惯了这种模式。但这种方式容易导致课堂学习不活跃、学生吸收较差的现象。ERP 电子沙盘学习过程，则完全颠覆了这种学习模式。学生不再只是被动地听课，他们需要利用商业规则主动制定决策，参与竞争，决定企业的"生死"。所以在这个过程中，学生的决策就变得至关重要。这也激起了学生的胜负欲，使他们使出浑身解数，利用自己所学的知识去制定最优的决策，在无形中就锻炼了他们将所学知识应用到实际操作中的能力。同时，教师也要适应这种角色的转变，从知识的传授者变为学生学习的组织者、指导者。由于电子沙盘是一个分组对抗系统，所以教师不能代替学生做决策，只能帮助他们更好地了解规则，做出更好的决策。

3. 让学生熟练掌握规则

在实验课学习过程中，由于是主动型学习，所以学生有很高的热情，但这种情况有可能产生适得其反的效果。比如学生在学习的时候，经常会出现在还没有了解清楚规则的情况下就匆忙制定各种决策，运行到后面的时候才弄清楚规则，发现前面决策失误，但已经无能为力，只能走一步算一步，导致经营不善，降低了学习的积极性。另外，由于电子沙盘需要在电脑上进行操作，很多同学虽然清楚规则，决策正确，但是在电脑操作时却出现了失误，例如原材料没有采购成功、网店没有设立等情况，导致其出现很大的损失。所以，只有真正弄清楚规则，合理地进行操作，才能做出正确的决策，也才能真正达到实验教学的目的。

4. 加强团队协作

ERP 电子沙盘课程是一个分组对抗竞赛的过程，因此每组成员之间的团队配合和分工合作就变得尤为重要。首先，要注重小组成员之间的团结。在决策过程中，经常会出现由于小组某个成员的操作失误，出现决策失误的状况。这种情况下如果团队成员互相埋怨只会使情况更糟，所以总经理就要及时协调好成员关系，及时做出新的决策才能走出困境。其次，总经理要做好小组分工，结合每个成员的所长分配角色。例如避免让财会学得不太好的同学担任财务总监的职责，否则，将导致工作效率低或使得同学丧失信心。最后，避免出现职责不清、任务混乱的情况。在实验过程中，会出现只有两三个小组成员在那儿做决策，其他成员则无所事事地在旁边做自己的事情的情况，这样其他成员就失去了学习这门课程的机会。

6.1.5 ERP 电子沙盘实训课程的改进

这么多年的授课经验，使笔者对 ERP 电子沙盘实训课程有了较深的理解和认识。笔者认为该实训课程需要在这些方面做一些改进，使其能更好地发挥实训课程的优势：

1. 制定更为科学合理的评判标准

ERP 电子沙盘课程作为一门实训课程，不能简单地当作理论课那样，以一场期末考试的分数作为学生学习好坏的最终评判标准。因而，在 ERP 电子沙盘模拟实训中对实训结果如何评判显得非常重要。通常我们都是以各组在实训最后所有者权益的多少以及系统自动计算的综合表现得分的高低作为评判实训结果好坏的标准。但这种评价方式显然有失全面性和科学性，所以建立一个更加完善有效的评判机制就变得尤为关键。我们在实际的评判过程中还应该加入一些因素，比如学生的感受、团队协作、实训总结等来统筹考虑学生实训课程结果的好坏。

2. 实行岗位轮换制

在课程实训过程中，每位学生扮演不同的角色，因而他们在实训过程中的任务也不一样。任务分工有利于学生发挥各自所长，同时也可能造成每个学生学习的侧重点不同，无法进行全面系统的学习。为了避免这种情况的出现，在课时充足、条件允许的情况下，可以尝试实施岗位轮换，进行角色调换，让每个学生都可以感受到不同角色的任务分工，理解各种岗位的工作职责，从而有利于学生的学习更加系统化。这样的轮换可以让学生明确分工，了解所长，有利于学生之后对就业岗位的选择。

3. 合理安排实训课程

因为 ERP 电子沙盘实训课程是一门综合性很强的课程，所以课程应该安排在管理学、经济学、会计学等基础理论课程学完之后。这样才能让学生在实训过程中熟练运用他们已经学过的知识。在实训课程学时的安排上最好集中性地安排，有利于提高学习效果。

4. 加强师资建设

作为 ERP 电子沙盘的指导教师，他们不仅仅需要了解规则，更要在学生的课程实训过程中给予点评，为学生做出有效的决策提供相应的运营视角、分析建议、解决思路。这就要求指导老师同样需要具备综合知识的运用能力。电子沙盘课程会综合运用到管理、会计、物流、市场营销等多方面的知识，这就要求任课老师也要加强学习和培训，才能更好地适应岗位的要求。这是一项系统的工程，需要学校更好地规划，如可以成立 ERP 实验中心，专门负责 ERP 实验课程的教学与组织工作。

6.2 用友 ERP 软件操作

用友新版 ERP 软件跟过去的版本相比，在界面上有着一定的区别。它改变了以往单调、枯燥的数字模块结构，模拟的场景更加符合真实场景，让学习者更容易理解企业结构及企业分工。当然，新版的软件在实质内容上与旧版本相比变化不大。

1. 职能总览（见图 6.1）

图 6.1　职能总览

现货交易市场：

迅速的购买或出售产品、原材料，现货现结，童叟无欺。

公司大厦：

各个经理的办公场所。

生产车间：

生产总监的办公地点，可进行生产操作。

代工厂：

公司产能不足时可在此找系统代工厂进行代工生产。

2. 角色分工

新版 ERP 软件有 5 种角色，对应 5 个模块，每个角色各有职责和分工，包括总经理、财务总监、生产总监、销售总监、采购总监。

总经理：总经理主要负责预算申报、厂房调整、资质开发（包括市场准入、ISO 资格认证、产品资质）以及情报的收集等。在这里我们可以看到总经理的职责有变化，以前属于销售总监的情报收集工作和属于生产总监的产品资质开发现在都归属于总经理的职责范畴。如图 6.2 所示。

图 6.2　总经理职责

财务总监：财务总监负责填制报表、拨款、往来账的管理、费用支出等。相应模块如图 6.3 所示。

图 6.3　财务总监职责

采购总监：采购总监主要负责预算申报、仓库订单等的管理。如图 6.4 所示。

图 6.4 采购总监职责

销售总监：销售总监主要负责仓库订单、代工订单、预算申报等的管理。如图 6.5 所示。

图 6.5 销售总监职责

生产总监：生产总监负责日常生产管理、预算申报、填制报表等。如图 6.6 所示。

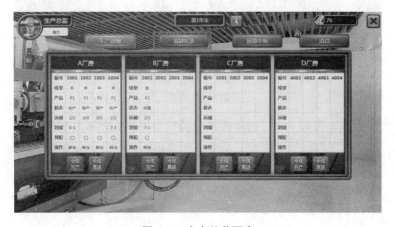

图 6.6 生产总监职责

3. 经营过程

◆ 年初阶段——投放广告

注意：投放广告需要【总经理】进行操作；投放广告需要经费；经费需要向【财务总监】申请；【财务总监】审批后，【总经理】才能得到现金；广告投放是组间竞技，需要不断地刷新并进行投放以确保排名。

投放广告需要现金，我们先进入总经理办公室，如图 6.7 所示。

图 6.7 进入大厦

在电梯间点击【总经理办公室】按钮。如图 6.8 所示。

图 6.8 电梯

观察现金数据，发现为 0，则需要进行预算申报。如图 6.9 所示。

图 6.9　进入办公室

点击【预算申报】按钮，弹出如下界面。在红框中输入 40 后，点击【申报】
按钮。如图 6.10 所示。

图 6.10　预算申报

总经理已经申请了资金，财务总监进行审批。同样，财务总监点击【财务部办
公室】按钮。如图 6.11 所示。

图 6.11　电梯

123

进入财务部办公室，观察现金。现有现金 320 万，能满足申请，则点击【拨款】按钮。如图 6.12 所示。

图 6.12 财务部办公室

弹出如下界面，点击界面中的【批准】按钮。如图 6.13 所示。

图 6.13 财务拨款

如此，则审批成功，总经理获得 40 万现金。

总经理现在有了现金，需要去【订货会】投放广告。点击【X】退出办公室，再点击【X】退出电梯间，回到城镇，在城镇界面中，点击【订货会】建筑图标。如图 6.14 所示。

图 6.14　城镇

点击【选单公布】按钮。如图 6.15 所示。

图 6.15　选单

点击【投放广告】按钮。如图 6.16 所示。

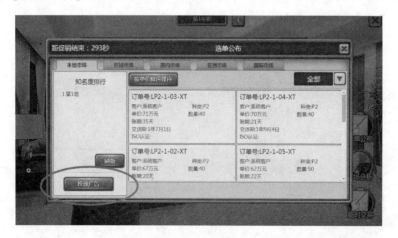

图 6.16　投放广告

在如下界面中，手动输入或点击"+"号，将数字置成"10"。如图 6.17 所示。

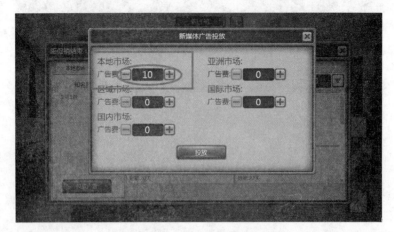

图 6.17　投放广告

点击【投放】，即投放成功。如图 6.18 所示。

图 6.18　投放成功

此外，在选单界面中，可随时点击【刷新】按钮，刷新自己的知名度，可根据知名度追加广告。如图 6.19 所示。

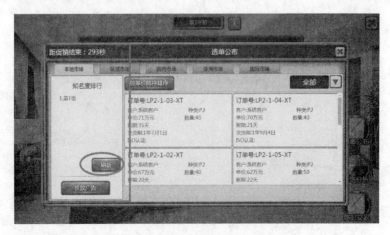

图 6.19　追加广告

注：知名度影响选单顺位。如订单 LP2-1-03-XT 共有 40 个，A 玩家排名第一，选择 35 个，B 玩家排名第二，选择 10 个，则最终结果预计为：A 玩家 35 个，而 B 玩家只能得到 5 个。

◆ 年初阶段——第一轮选单

广告投放阶段持续 5 分钟后，则进入第一轮选单界面。所有职位都可以操作，建议指定一人进行实际操作，以免混乱。选单要分析产能、库存；选单是多组共同竞争市场中的订单总数，故需要考虑其他组的策略状况。

销售总监——查看产品库存

同样点击【公司大厦】建筑图标，在电梯间点击【销售部办公室】，进入销售总监办公室。如图 6.20 所示。

图 6.20　销售总监办公室

通过观察发现，库存有 3 个 P1。如图 6.21 所示。

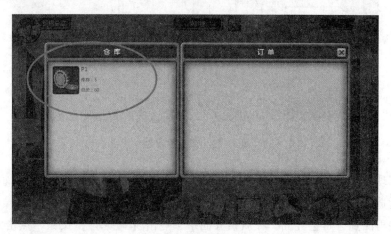

图 6.21　产品库存

采购部总监——查看材料库存

同样点击【公司大厦】建筑图标，在电梯间点击【采购部办公室】，进入【采购部办公室】，点击【仓库订单】按钮。通过观察，发现库存有 3 个 R1。如图 6.22 所示。

图 6.22　原材料库存

生产总监——分析产能

点击【生产车间】建筑按钮，进入车间。我们可以看到车间 A 有三条生产线，可根据数据进行分析。如图 6.23 所示。

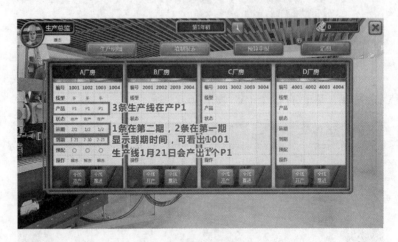

图 6.23　车间生产线

根据现今情况分析我们在 1 月 21 日，有 4 个 P1 可以交货。

订货选单：

我们再回到订货会界面，在城镇界面中，点击【订货会】按钮，点击【订单申报】按钮，在选单界面中，将 P1 筛选出来。如图 6.24、图 6.25 所示。

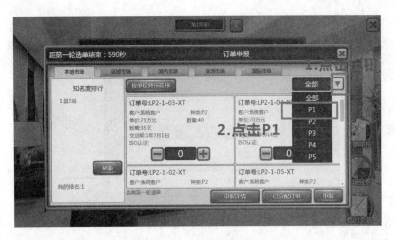

图 6.24 订单申报

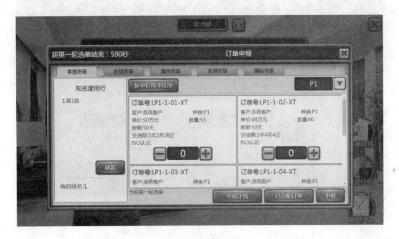

图 6.25 筛选结果

申报【订单 LP1-1-01-XT】4 个。如图 6.26、图 6.27 所示。

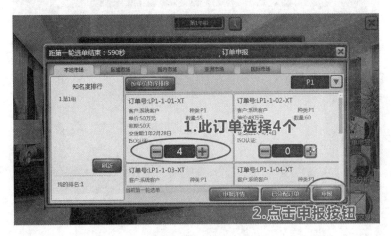

图 6.26 订单申报

图 6.27　申报成功

可点击【申报详情】按钮，确认自己申报的订单。如图 6.28 所示。

图 6.28　订单确认

观察如下界面，确认所选订单。如图 6.29 所示。

图 6.29　订单确认

再选择申报【订单 LP1-1-02-XT】2 个。如图 6.30 所示。

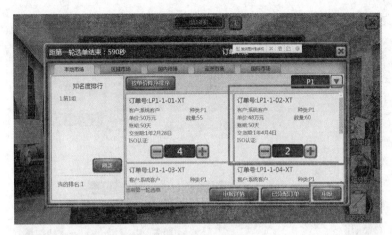

图 6.30 再次申报

同样打开【申报详情】以确认所选订单。如图 6.31 所示。

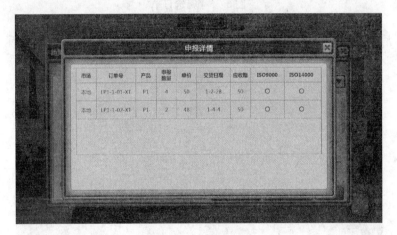

图 6.31 订单确认

在选单界面中，将 P2 筛选出来。如图 6.32 所示。

图 6.32 筛选订单

筛选结果如下，选择【订单 LP2-1-03-XT】2 个。如图 6.33 所示。

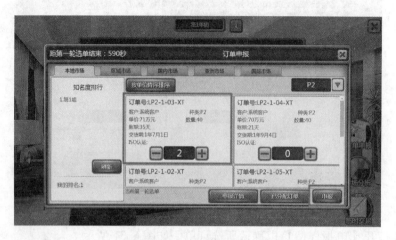

图 6.33　筛选订单

申报后，同样在【申报详情】中查看以确认所选订单。如图 6.34 所示。

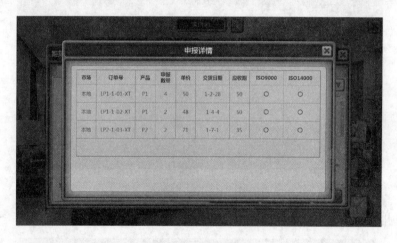

图 6.34　订单确认

注：此时若还有时间，可以示意教师放开时间轴，静静等待第一轮选单结束。

◆　年初阶段——第二轮选单

注意：第一轮选单持续 10 分钟后结束，接着进入第二轮；由于选单需要竞争，就会存在有人没有选够今年需要的订单数的情况；第二轮选单的意义就在此，可以补充选择订单；第二轮选单共 5 分钟，选手应尽快完成申报。

第二轮选单开始时，可以点击【已分配订单】按钮，查看自己团队取得的订单情况。如图 6.35 所示。

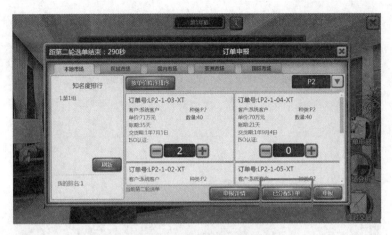

图 6.35　第二次订单申报

界面如下。我们可以看到，我们选择的订单都成功地拿到了。如图 6.36 所示。

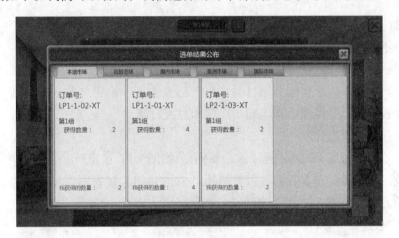

图 6.36　选单成功

不过为了流程完整，我们可以再选择一个订单。如图 6.37 所示。

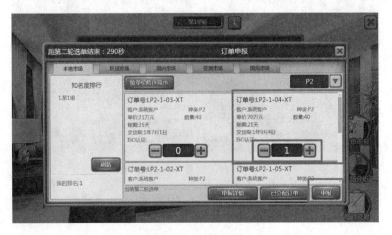

图 6.37　加选订单

同样，在申报详情中确认申报情况。如图 6.38 所示。

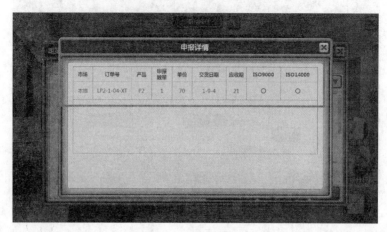

图 6.38 订单确认

此时，可以静静等待第二轮选单结束

◆ 年中季度阶段——1 月 1 日

注意：年中阶段的任务就是将年初所选的订单生产出来，并及时交货。

流程如下：采购总监购买原材料；生产总监生产；销售总监进行销售；财务总监进行金钱支援；总经理适当地购买厂房和总控时间。

总经理——资质开发

由于年初选择了 P2 产品的订单，我们必须生产 P2 这个产品，但生产 P2 需要特别资质，我们需要查看我们是否有资质。点击公司大楼，回到总经理办公室，点击【资质开发】按钮。如图 6.39 所示。

图 6.39 资质开发选项

选择其中的【产品资质】页签。如图 6.40 所示。

图 6.40 产品资质

点击【点击投资】按钮，扣除 10 万现金。如图 6.41 所示。

图 6.41 扣除现金

按钮变为【已投资】。现在产品资质还没有开发成功，需单期 60 天，共 3 期即 180 天后，即 7 月 1 日，才能完城开发。如图 6.42 所示。

图 6.42 产品资质投资成功

采购总监——购买原材料

根据我们所选的订单计算，我们要在年内生产 7 个 P1。通过研究规则知道，1个 P1 需要 1 个 R1 进行制作，所以我们需要 7 个 R1 去制作 7 个 P1。我们库存有 3个，生产线上正在生产 3 个，那至少还需要购买一个 R1。于是，我们需要去原材料订货大厦进行购买。

在城镇界面点击【原材料订货大厦】建筑按钮。如图 6.43 所示。

图 6.43　进入原材料订货大厦

原材料订货界面如图 6.44 所示。

图 6.44　原材料订货界面

可以看到 R1 的情况，如单价、到货期、供应量、质保期等数据。

点击【点击下单】按钮。如图 6.45 所示。

图 6.45　原材料下单

选择 1 个，然后点击【下单】按钮。如图 6.46 所示。

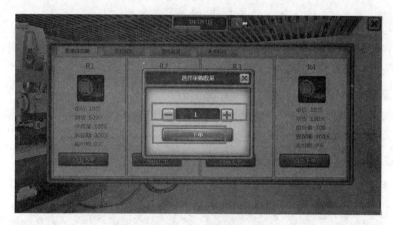

图 6.46　下单数量

随后点击【X】回到城镇，点击公司大楼，进入采购办公室，打开【仓库订单】按钮。如图 6.47 所示。

图 6.47　采购办公室

我们可以看到，有一个订单形成了，可以查看其数据。如图 6.48 所示。

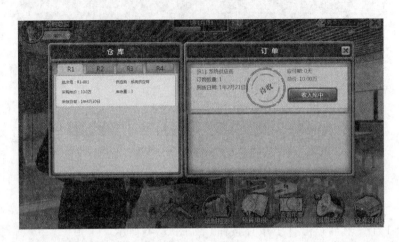

图 6.48　入库订单

我们可以看到，2 月 21 日的时候，原材料就可以到货，采购总监就可以将其收入库中。

生产总监——新建生产线、预配产品、开产

在城镇界面中进入生产车间，点击【生产车间】按钮。如图 6.49 所示。

图 6.49　进入生产车间

进入车间页面，我们可以看到 A 厂房的情况。如图 6.50 所示。

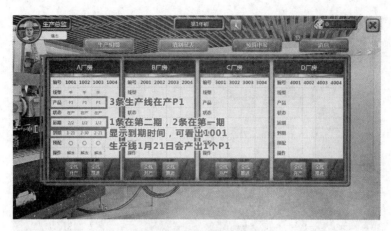

图 6.50 厂房生产情况

点击【A 厂房】。如图 6.51 所示。

图 6.51 进入厂房

进入厂房，我们可以看到三条生产线在产，而第四个框体是空置的，有个建线的按钮。如图 6.52 所示。

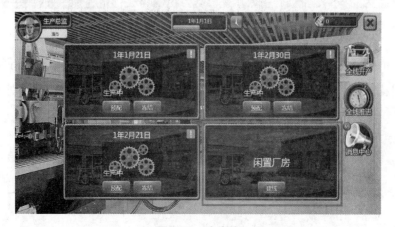

图 6.52 生产线

点击【建线】按钮，弹出建线界面，分别点击三个蓝色叹号。如图 6.53 所示。

图 6.53　生产线建设

界面分别显示建线的花费、时间等数据。如图 6.54 所示。

图 6.54　生产线建设规则

　　我们可以看出手工线立即可以建成，花费 50 万；自动线需安装 180 天，分三期，每期花费 50 万，共 150 万；而柔性线则分为四期共一年时间，每期花费 50 万，共 200 万。如图 6.55 所示。

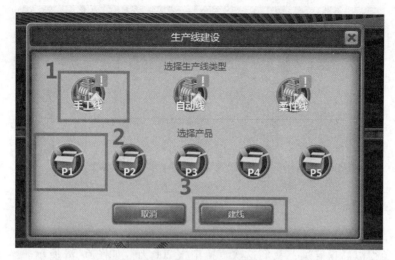

图 6.55　生产线建设

界面自动关闭，弹出了错误提示。如图 6.56 所示。

图 6.56　资金不足

上面我们说，建手动线需要 50 万，而生产总监的现金是 0，因此我们需要找财务总监申请现金。

点击【X】回到厂房界面，点击【预算申报】按钮。如图 6.57 所示。

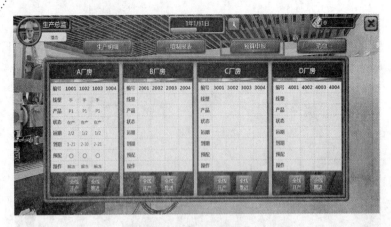

图 6.57　预算申报

为了免得以后再麻烦，我们这次直接申报 200 万。如图 6.58 所示。

图 6.58　预算申报

财务总监——拨款、交日常费用、管理往来账

财务总监点击公司大厦，进入财务部办公室。财务总监的常用功能如图 6.59 所示。

图 6.59　财务总监办公室

每个月 1 日，系统会自动生成费用支出的欠款，财务需点击【费用支出】按钮。如图 6.60 所示。

图 6.60　费用支出项

勾选非 0 的项目。如图 6.61 所示。

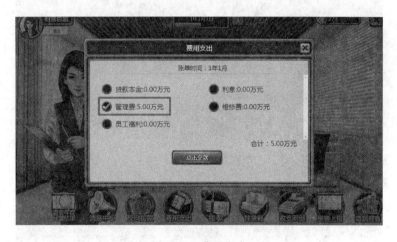

图 6.61　费用支出

点击【点击交款】，我们可以看到，管理费变为 0，证明交款成功。如图 6.62 所示。

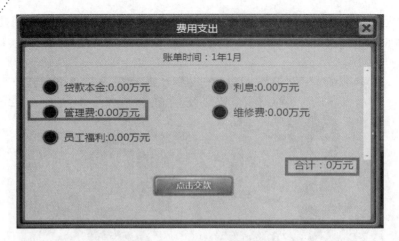

图 6.62　费用支出成功

往来账是公司和系统或其他组间的账务往来,需要多打开进行关注。如图 6.63 所示。

图 6.63　往来账选项

往来账界面如图 6.64 所示。

图 6.64　往来账界面

我们可以看到，目前我们有一个应收款，到账时间为 1 月 30 日。点击【收款】，提示如图 6.65 所示。

图 6.65　应收款未到期

我们点击【贴现】。贴现可以立马得到现金，但会损失利息。如图 6.66 所示。

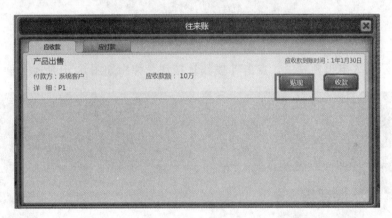

图 6.66　往来账

点击按钮，弹出如下界面。我们输入 10，可以看到我们会立刻得到 9.5 万。如图 6.67 所示。

图 6.67　贴现

点击【确定】，贴现成功，获得现金。如图 6.68 所示。

图 6.68　获得贴现

现在拨款按钮上有个小小的"1"的标志。如图 6.69 所示。

图 6.69　信息提示

这表示有人申报预算了，点击【拨款】按钮，弹出如图 6.70 所示界面。

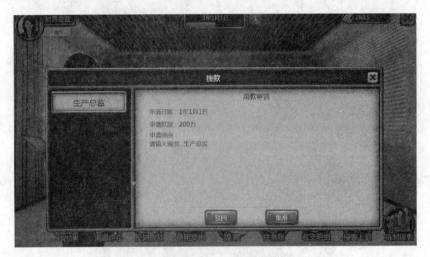

图 6.70　拨款

点击【批准】，将现金拨给他。

生产总监——申报成功、新建生产线并进行开产。

用上述同样的方式进入生产车间 A。如图 6.71 所示。

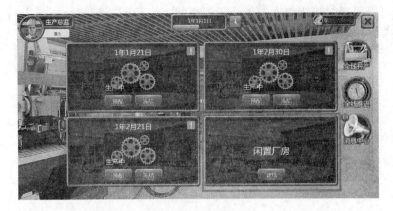

图 6.71　生产车间 A

点击【建线】。如图 6.72 所示。

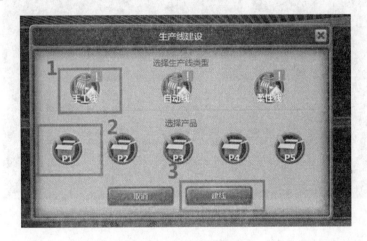

图 6.72　生产线建设

成功建线。如图 6.73 所示。

图 6.73　生产线建成

我们可以看到，新建的生产线处于停止状态。我们要配置材料，进行生产，点击【预配】按钮。如图 6.74 所示。

图 6.74 生产预配 1

弹出如图 6.75 所示界面。

图 6.75 生产预配 2

根据规则，我们需要配置 1 个 R1、3 个初级工人。如图 6.76、图 6.77 所示。

图 6.76 预配材料

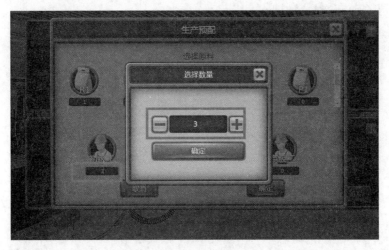

图 6.77　预配工人

点击【R1】和【初级工】下面的选择框，在弹出的界面中选择数字，确定后，点击【确定】。如图 6.78 所示。

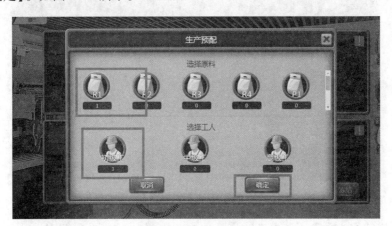

图 6.78　生产预配

点击【确定】后，按钮变为【查看预配】，说明预配成功。如图 6.79 所示。

图 6.79　预配成功

点击【全面开产】。如图 6.80 所示。

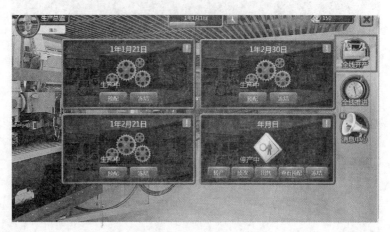

图 6.80　全线生产

生产线进入了生产状态。如图 6.81 所示。

图 6.81　生产状态

用同样的方式将第一条生产线进行预配。如图 6.82、图 6.83 所示。

图 6.82　生产线预配

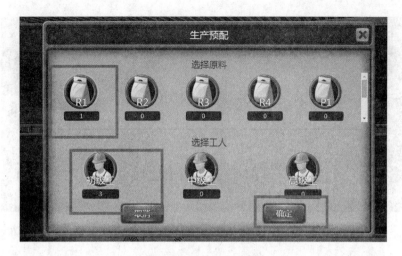

图 6.83 生产线预配

销售总监——关注库存、及时提交订单

用同样的办法，进入公司大厦，进入销售办公室，办公室效果如下。点击【仓库订单】。如图 6.84 所示。

图 6.84 销售总监办公室

可以看到，我们拿到的这些订单的交货期等情况。如图 6.85 所示。

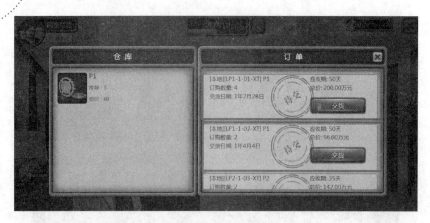

图 6.85　订单情况

由于我们库存有 3 个 P1，我们可以将订单 LP1-1-02-XT 的两个 P1 直接提前交货。如图 6.86 所示。

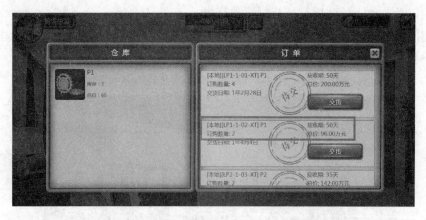

图 6.86　待交货订单

点击【交货】按钮，此订单自动下移到低端。在订单部分滑动滚轴，将其拉到订单底部。如图 6.87 所示。

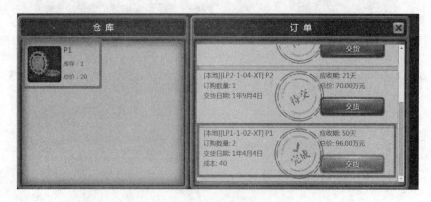

图 6.87　交货

我们可以看到, P1 的库存还剩 1 个, 订单 LP-1-02-XT 已经变成了完成的状态。

关闭界面, 我们看到, 销售总监并没有得到现金, 那么钱去了哪里呢? 如图 6.88 所示。

图 6.88　交货后资金情况

财务总监——往来账款

没错, 前面我们提到过, 财务总监管理公司的往来账务, 销售总监出售完货物, 款项会在应付期到达后打到公司的账面上。财务总监应该及时收款, 以保证公司的现金流。我们回到财务总监办公室来查看现金状况。

点击【公司大厦】建筑图标, 点击【财务部办公室】按钮, 进入财务总监办公室。点击【财务部办公室】中的【往来账】按钮, 我们可以看到, 销售出售的 2 个 P1 的账款已经进入账务系统了。如图 6.89 所示。

图 6.89　应收款到账

财务总监在 2 月 21 日之前要记得及时收款。

教学过程中, 最好在 1 月 1 日的时候将时间暂停, 等操作完成之后再将时间行进。那接下来我们等待时间流逝到 1 月 21 日, 即上述操作最好在 1 月 1 日—21 日做完，以免影响经营。知道为什么是 1 月 21 日吗？请看下节。

◆ 年中季度阶段——1 月 21 日

生产总监——推进生产

我们用老方法，进入生产总监办公室，点击【A 厂房】。如图 6.90 所示。

图 6.90 厂房生产情况

我们看到 A 厂房的 4 条生产线，有一个是 1 月 21 日。如图 6.91 所示。

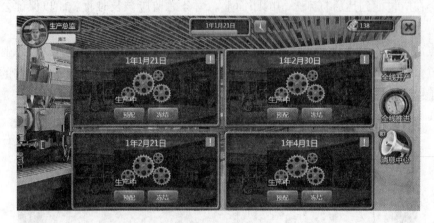

图 6.91 生产进度

即是说，1 月 21 日的时候，我们要【推进】生产的进行。我们的规则决定，生产不会完全地自动进行。在特定的日期节点，我们需要进行【推进】，否则生产线将处于停止状态。那我们点击【全线推进】。如图 6.92 所示。

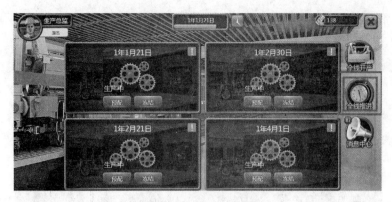

图 6.92　推进生产线

我们收到了推进成功的提示。如图 6.93 所示。

图 6.93　推进成功

之前我们说过，生产线 1001 处于第二期，推进后即可下线一个产品，那么生产线就处于闲置状态，显示停产。为了保证生产线正常生产，我们需要再次给生产线进行预配，并推进生产。

点击【预配】按钮。如图 6.94 所示。

图 6.94　生产预配

弹出如图 6.95 所示界面。

图 6.95　生产预配

根据规则，我们需要配置 1 个 R1、3 个初级工人。如图 6.96、图 6.97 所示。

图 6.96　配置原材料

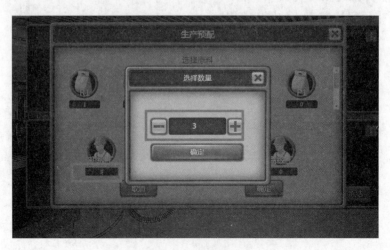

图 6.97　配置工人

点击【R1】和【初级工】下面的选择框，在弹出的界面中选择数字，确定后，点击【确定】。如图 6.98 所示。

图 6.98　确定配置

点击【确定】后，按钮变为【查看预配】，说明预配成功。如图 6.99 所示。

图 6.99　查看配置

点击【全面开产】。如图 6.100 所示。

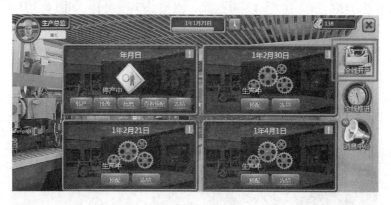

图 6.100　全面开产

收到提示。如图 6.101 所示。

图 6.101　生产线正式生产

我们可以看到，下一次的推进期如图 6.102 所示。

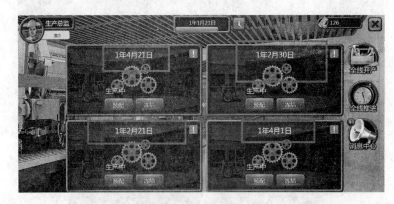

图 6.102　推进提示

推进期分别为 4 月 21 日、2 月 30 日、2 月 21 日、4 月 1 日。那我们下一次的操作在什么时候呢？你知道吗？对，2 月 21 日。

◆　年中季度——2 月 21 日

生产总监——推动生产

我们用老方法，进入生产总监办公室，点击【A 厂房】。如图 6.103 所示。

图 6.103　厂房生产情况

刚好在今天，我们有需要推进的生产线。如图 6.104 所示。

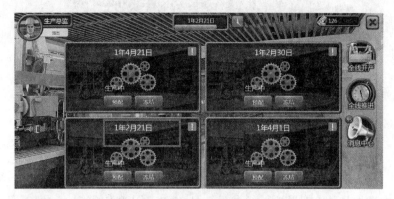

图 6.104   需要推进的生产线

点击【全线推进】。如图 6.105 所示。

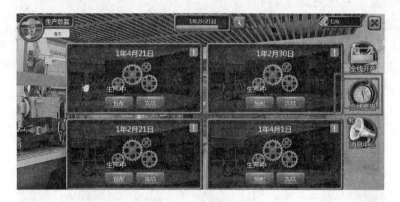

图 6.105   推进生产线

弹出提示。如图 6.106 所示。

图 6.106   资金不足提示

我们可以看到，时期显示如图 6.107 所示。

图 6.107　需要推进的生产线

下一次操作是什么时间呢？显然是 2 月 30 日。让我们等到……是不是有什么事情没做？各岗位检查自己做过的事情！

采购总监——将到货的原材料收货

经检查，我们发现，1 月 1 日订购的 R1 到货了。

点击【公司大厦】按钮，进入【采购部办公室】。点击【仓库订单】按钮，我们看到，原材料刚好到货。好险！若是错过了今天，就要交违约金了。应付期为 0，意味着我们要结算现金。如图 6.108 所示。

图 6.108　原材料到期

点击【收入库中】按钮，提示【现金不足】。如图 6.109 所示。

图 6.109　现金不足

没现金怎么办呢？向财务总监申请。

点击【预算申报】按钮。如图 6.110 所示。

图 6.110 预算申报

输入 50，点击【申报】。如图 6.111 所示。

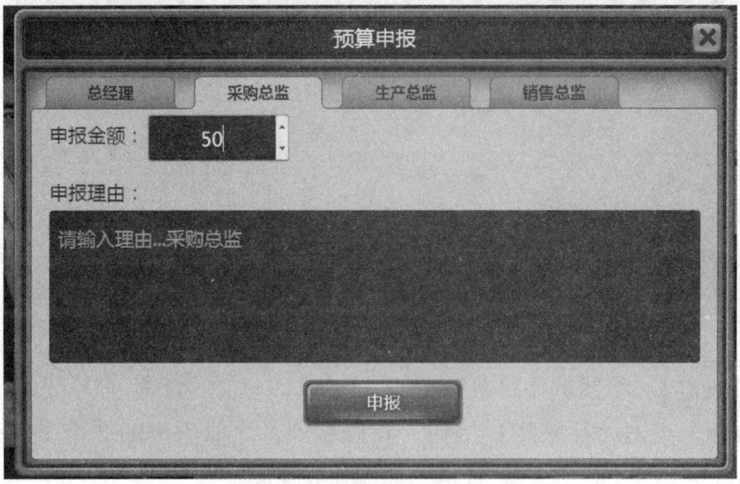

图 6.111 填写预算金额

财务总监——批准申请资金、处理往来账款

我们进入【财务总监办公室】。如图 6.112 所示。

图 6.112　财务总监办公室

我们发现，拨款按钮上面出现了"1"的标记，证明什么呢？有人来要钱啦！点击【拨款】按钮，界面如图 6.113 所示。

图 6.113　拨款

点击【批准】，将钱款拨给采购总监。

关闭界面，点击【往来账】按钮。我们看到，之前出售的 2 个 P1 钱款已经到位。如图 6.114 所示。

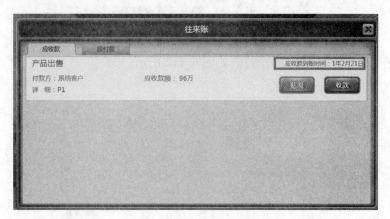

图 6.114　应收款到账

收款吧！点击【收款】按钮。看！我们的现金又充裕起来了。如图 6.115 所示。

图 6.115　应收款到账

采购总监——将到货的原材料收货

采购总监的现金已经到位。我们打开仓库订单界面，点击界面中的【收入库中】。如图 6.116 所示。

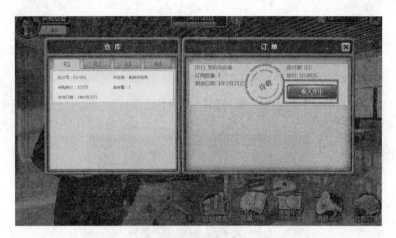

图 6.116　原材料入库

我们看到，订单显示【完成状态】，而且左侧的仓库中，出现了额外的 1 个 R1。如图 6.117 所示。

图 6.117　原材料入库

我们再去订购一些材料吧。我们本年度至少需要生产 3 个 P2，每个 P2 需要 1个 R1 和 1 个 R2 来生产。我们去订货大厦订购 3 个 R1 和 3 个 R2。

点击【X】回到电梯间，再点击【X】回到城镇，在城镇中点击【原料订货大厦】建筑按钮，选择 3 个 R1。如图 6.118、图 6.119 所示。

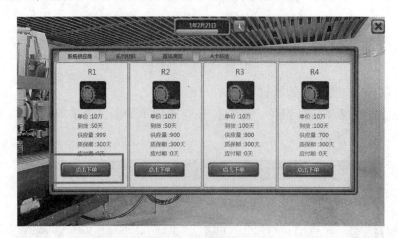

图 6.118　采购 R1

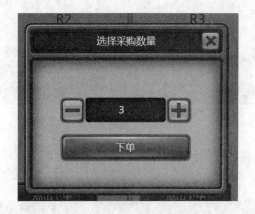

图 6.119　R1 采购数量

再选择 3 个 R2。如图 6.120、图 6.121 所示。

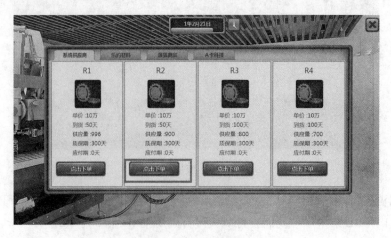

图 6.120　采购 R2

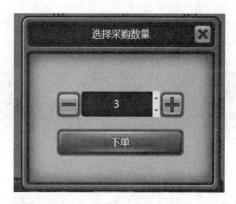

图 6.121 R2 采购数量

我们回到采购办公室，查看我们的订单。如图 6.122 所示。

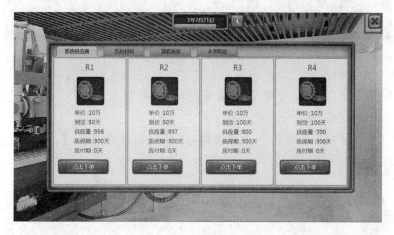

图 6.122 原材料订单

点击【X】回到城镇，点击【公司大厦】按钮，再点击【仓库订单】按钮，我们看到订单已经生成。牢记收货日期，以免影响经营生产。如图 6.123 所示。

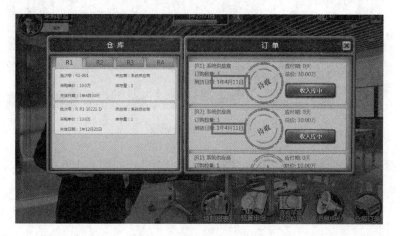

图 6.123 仓库已下订单

既然计划要生产 R2，我们现在的生产线都在生产 R1，那我们需要再建生产线，但我们的 A 厂房已经没有位置了。如图 6.124 所示。

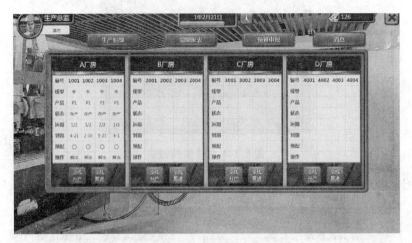

图 6.124　厂房生产线

那我们就需要再购买一个厂房，谁来购买？总经理！

总经理——购买/租用厂房

点击【公司大楼】，再点击【总经理办公室】，接着点击【厂房调整】按钮。如图 6.125 所示。

图 6.125　厂房调整

我们不租房，而是直接买房。点击【购买厂房】。如图 6.126 所示。

图 6.126　购买厂房

点击【确定】。如图 6.127 所示。

图 6.127　确认购买

总经理没有 200 万的现金啊，怎么办？如图 6.128 所示。

图 6.128　显示现金不足

找财务总监，我们点击【预算申报】，申请 200 万。如图 6.129 所示。

图 6.129　预算申报

财务总监——审批资金、银行贷款（见图 6.130）

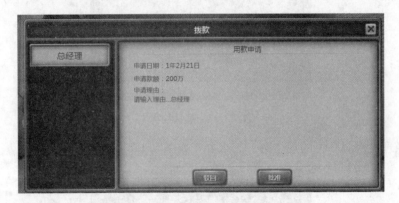

图 6.130　财务总监拨款

但是我们只有 120 多万是现金。如图 6.131 所示。

图 6.131　现金流

怎么办呢？我们可以去找银行贷款

返回城镇，进入银行界面。如图 6.132 所示。

图 6.132　银行

选择 2 年长贷，每份 20 万。我们贷款 50 份，贷款 1 000 万。点击【点击贷款】。如图 6.133、图 6.134 所示。

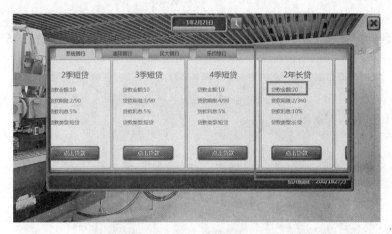

图 6.133　银行贷款

图 6.134　银行贷款

我们可以看到，贷款额度发生了变化，我们还有 1 200/1 827 万的额度。如图 6.135 所示。

图 6.135 贷款额度

我们回到财务办公室，发现我们的现金变成了 1 129.5。如图 6.136 所示。

图 6.136 贷款到账

点击【拨款】按钮，把钱发给总经理。如图 6.137 所示。

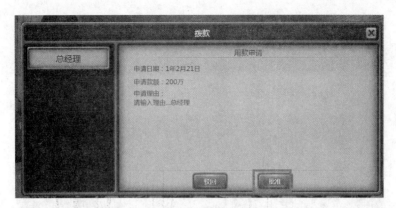

图 6.137 拨款

总经理——购买/租用厂房

我们不租房，而是直接买房。点击【购买厂房】，点击【确定】。如图 6.138、图 6.139、图 6.140 所示。

图 6.138 购买厂房

图 6.139 确认购买

图 6.140　购房成功

按钮变为【厂房出售】，证明已经购买成功

生产总监——建线

进入工厂，我们可以看到如图 6.141 所示界面。

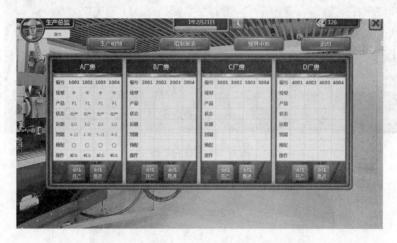

图 6.141　工厂

　　点击【B 厂房】按钮任意位置进入厂房。我们看到 4 个闲置的生产线。如图 6.142 所示。

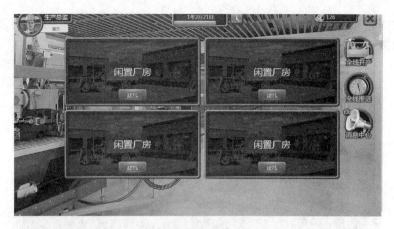

图 6.142　生产线状况

选择左上角的生产线，点击【建线】按钮。如图 6.143 所示。

图 6.143　建设新生产线

选择【自动线】、【P2】。如图 6.144 所示。

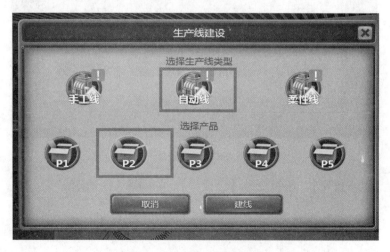

图 6.144　建设自动生产线

自动线需要 3 期，每期 60 天共 180 天建成，刚好在我们的 P2 资质开发完成 50 天后。如图 6.145 所示。

图 6.145　生产线建设中

5 月 1 日，我们就可以推进第二期的建线。

返回工厂页，可以看到，下一个推进期是 2 月 30 日（实验设计为 2 月 30 日，二月应该是没有 30 号）。我们浪费一天，等到 3 月 1 日。

◆　年中季度——3 月 1 日

总经理——检查资质

3 月 1 日到了，我们要继续对 P2 的资质进行投资，还记得吗？要投资 3 次，每次 60 天。如图 6.146 所示。

图 6.146　产品资质开发

点击【点击投资】，按钮变为【已投资】。如图 6.147 所示。

图 6.147　产品投资状态

生产总监——推动生产

查看工厂页面，我们发现 1002 生产线需要推进。如图 6.148 所示。

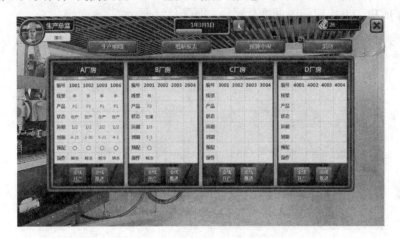

图 6.148　需要推进的生产线

进入 A 厂房。如图 6.149 所示。

图 6.149　当前需要推进的生产线

175

点击【全线推进】。如图 6.150 所示。

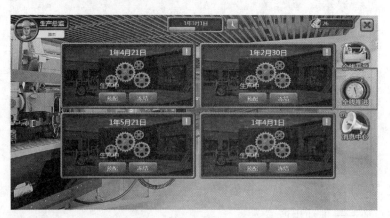

图 6.150　推进生产线

操作成功，下一期的时间变化了。如图 6.151 所示。

图 6.151　推进后的变化

销售总监——违约交货

销售总监进入自己的办公室，打开仓库订单界面，看到 2 月 28 日应该交的订单没交，违约了！如图 6.152 所示。

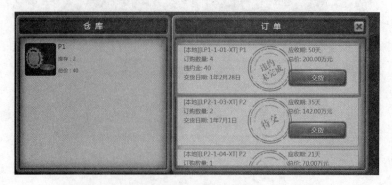

图 6.152　订单违约情况

违约的话，会有总货款 20% 的违约金额。这是一笔不小的损失。违约期有 30 天，3 月 28 日之前我们又生产不出多余的 P1 了。我们如果在 3 月 28 日还交不出货来，订单就会被强行取消，并且直接扣除相应的违约金，还会扣减企业经营诚信（oid）。我们试试看，直接等到 3 月 29 日，期间什么都不做。

◆ 年中季度——3 月 29 日

销售总监——查看仓库订单

点击销售总监的【仓库订单】按钮。如图 6.153 所示。

图 6.153 销售订单违约情况

我们看到订单已经处于了取消状态。我们无法交货，无法获得账款。那扣款在哪呢？我们让财务看看。

财务总监——查看消息、日常缴费

点击财务办公室的【消息中心】按钮，发现系统发来了提示。如图 6.154 所示。

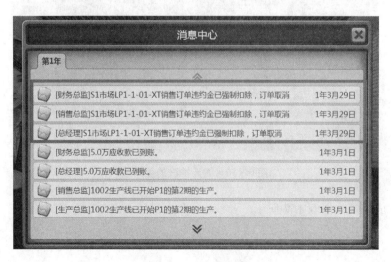

图 6.154 违约消息

　真是损失惨重。财务总监每个月还有一项特殊的任务一定不要忘，那就是日常缴费。点击【费用支出】按钮，勾选有金额的选项。如图 6.155 所示。

图 6.155　费用支出

点击【点击交款】完成交款。

◆ 年中季度——4 月 1 日

生产总监——推进/生产

进入 A 厂房，点击【全线推进】。如图 6.156 所示。

图 6.156　需要推进的生产线

推进成功。如图 6.157 所示。

图 6.157　推进成功

财务总监——费用支出

点击【费用支出】，选择有数字的选项，点击【缴费】。如图 6.158 所示。

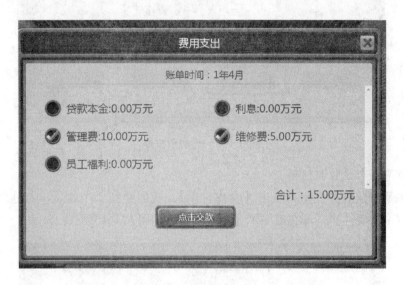

图 6.158　费用支出

◆ 年中季度——5 月 1 日

总经理——资质投资

在总经理办公室中，点击【资质开发】按钮，选择【产品资质】页签。如图 6.159 所示。

图 6.159　产品资质投资

点击 P2 中的【点击投资】。如图 6.160 所示。

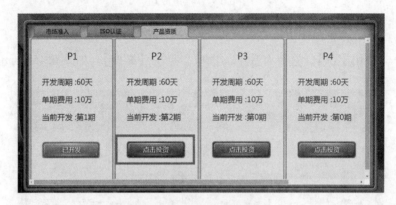

图 6.160　P2 资质投资

采购总监——收取材料

在采购总监的办公室，点击【仓库订单】，我们看到 2 个收货单都违约了。训练的时候一定要注意，现在就缴纳违约金即可。如图 6.161 所示。

图 6.161　原材料订单违约

点击【收入库中】，提示现金不足。如图 6.162 所示。

图 6.162　现金不足

去找财务总监申请 100 的预算。如图 6.163 所示。

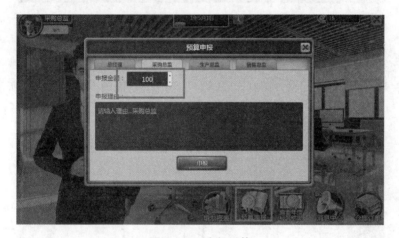

图 6.163　申报预算

待财务总监审批后，收入库中即可。

财务总监——审批资金、费用支出

审批资金。如图 6.164 所示。

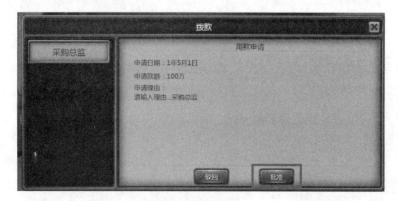

图 6.164　财务拨款

费用支出。如图 6.165 所示。

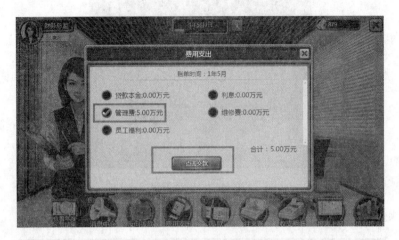

图 6.165　费用支出

生产总监——推动生产线

厂房界面中，我们看到，1001 和 2001 生产线需要推动。如图 6.166 所示。

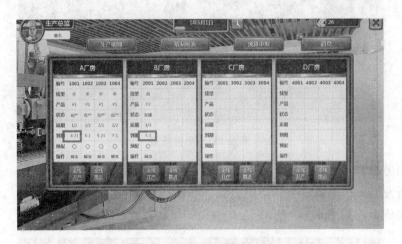

图 6.166　需要推进的生产线

我们先推动 1001 生产线，点击【全面推进】。如图 6.167 所示。

图 6.167 推进生产线

再推动 2001 生产线。如图 6.168 所示。

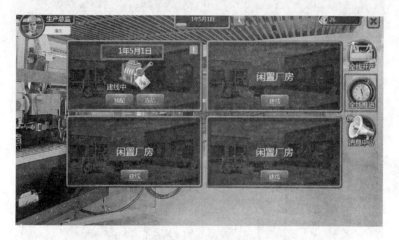

图 6.168 推动生产线

提示操作失败。如图 6.169 所示。

图 6.169 推进失败

为什么呢？因为没钱。推动需要 50 万现金。填写预算申报，向财务总监申报 100 万现金。申报过程就先省略，还有不熟练的同学可以往前翻看。再次点击【全线推进】。如图 6.170 所示。

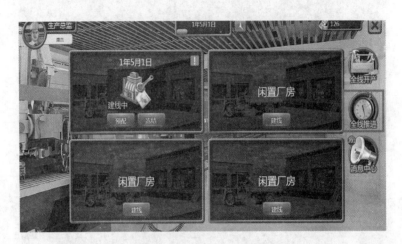

图 6.170　推进生产线

推进成功。如图 6.171 所示。

图 6.171　推进成功

◆　年中季度——6 月 1 日

财务总监——费用支出（见图 6.172）

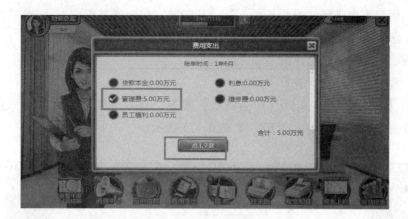

图 6.172　费用支出

生产总监——推进生产

点击【全线推进】。如图 6.173 所示。

图 6.173　推进生产线

两个产品下线，生产线处于停产状态。如图 6.174 所示。

图 6.174　生产线生产情况

我们暂时不再进行预配和开产，先让其闲置。在比赛过程中，一定要计算好时间，不要浪费生产线的产能哦。

◆ 年中季度——7 月 1 日

总经理办公室——检查资质开发

点击【资质开发】，选择【产品资质】页签，查看按钮，变为【已开发】，证明已开发完毕，我们可以生产 P2。如图 6.175 所示。

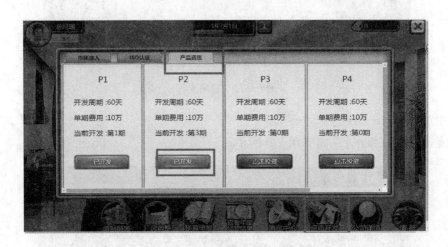

图 6.175　产品资质开发情况

销售总监——购买零售产品、提交订单

7 月 1 日和 9 月 4 日的时候我们需要提交 2 个 P2 和 1 个 P2，但我们的 P2 才刚刚开发成功，生产 1 次需要半年，我们不可能生产出这 3 个 P2。如图 6.176 所示。

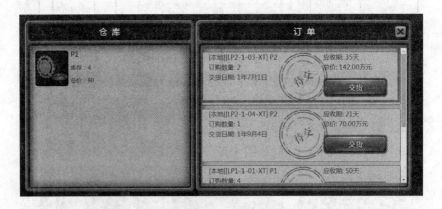

图 6.176　待交货订单

难道还要眼睁睁地看着订单被取消掉吗？不用，我们还有办法。销售总监先申报 210 万。如图 6.177 所示。

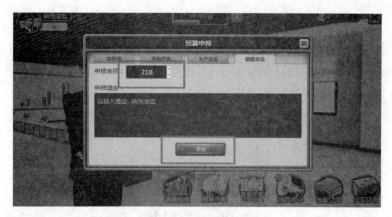

图 6.177　预算申报

提醒财务总监审批后由【销售总监】在城镇中点击【现货交易市场】。如图
6.178 所示。

图 6.178　现货交易市场

点击 P2 的购入按钮，选择数量"3"，点击【确定】，现货现结。如图 6.179、
图 6.180 所示。

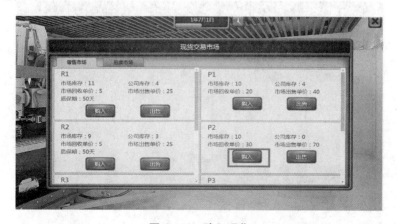

图 6.179　购入现货

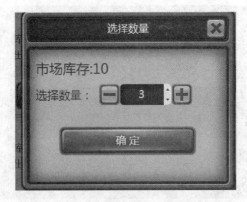

图 6.180　确定购入数量

我们回到销售仓库，打开仓库订单。如图 6.181 所示。

图 6.181　现货入库

刚好有 3 个 P2，并且全部未逾期。那我们全部交货。点击两个【交货】按钮。如图 6.182 所示。

图 6.182　订单交货

我们看到，两个订单全部完成。如图 6.183 所示。

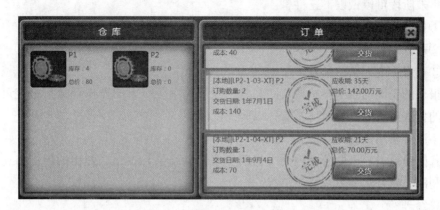

图 6.183 完成订单

但是按这种方式交货，我们一共才净赚 2 万。所以选单的时候一定要计算好资质研发、产品下线等时间，以免产生损失。

财物总监——往来账收款

点击办公室界面中的【往来账】按钮，我们能看到两个订单的收货款。如图 6.184 所示。

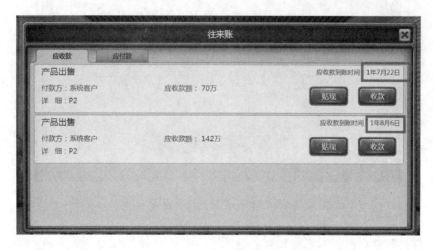

图 6.184 往来账收款

要记得在这两个日子之后收款，以补充公司的现金流。

到现在为止，我们已经将本年选择的订单全部处理完成。在实际经营中，一定要计算好日期，规划好现金流，以避免损失。经营时间还有整整半年，同学们可以自行建线生产，以熟悉操作。

◆ 年末

年末阶段可以做以下三件事：

①各岗位填制报表，归拢到财务总监处；

②财务总监统一进行报表上报；

③查看年度经营结果。

报表的正确与否不影响游戏的经营，只影响学生个人的操作评分。报表可在教师端的报表管理处进行对比查看，以验证正确率。

年度经营结果查询：

各岗位点击自己办公室内的【查看年度经营结果】按钮，弹出的界面将显示本组的利润、权益、分数及排名情况。

总经理：

在总经理办公室打开填制报表选项，打开后所有项目都可以手动填写。如图 6. 185 所示。

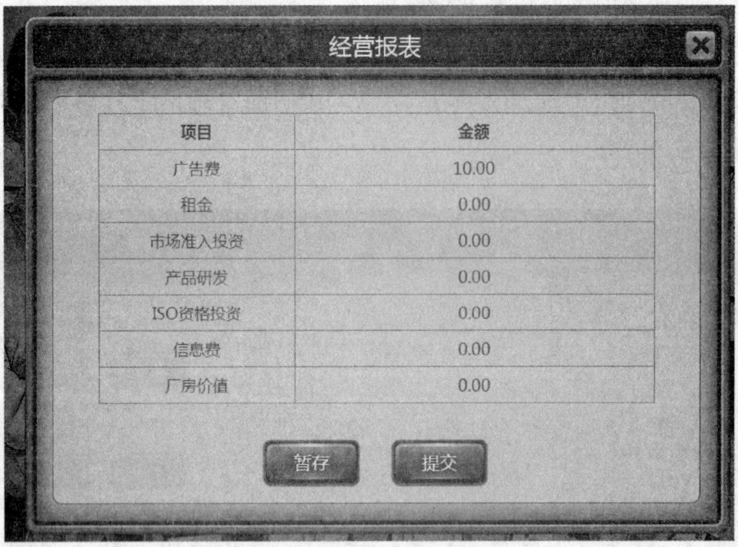
经营报表

项目	金额
广告费	10.00
租金	0.00
市场准入投资	0.00
产品研发	0.00
ISO资格投资	0.00
信息费	0.00
厂房价值	0.00

暂存　提交

图 6. 185　总经理填写报表

暂存：暂时存档，不提交到财务处。

提交：将数据提交到财务处。

采购总监：

在采购总监办公室点击【填制报表】。如图 6. 186 所示。

经营报表

项目	库存产品数	库存价值	零售/拍卖收入	零售/拍卖成本	失效和违约价值
R1	0	0.0	0.0	0.0	0.0
R2	0	0.0	0.0	0.0	0.0
R3	0	0.0	0.0	0.0	0.0
R4	0	0.0	0.0	0.0	0.0

暂存 提交

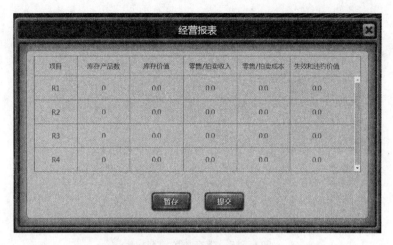

图 6.186　采购总监填写报表

暂存：暂时存档，不提交到财务处。

提交：将数据提交到财务处。

销售总监：

同样进入销售总监办公室，点击【填制报表】。如图 6.187 所示。

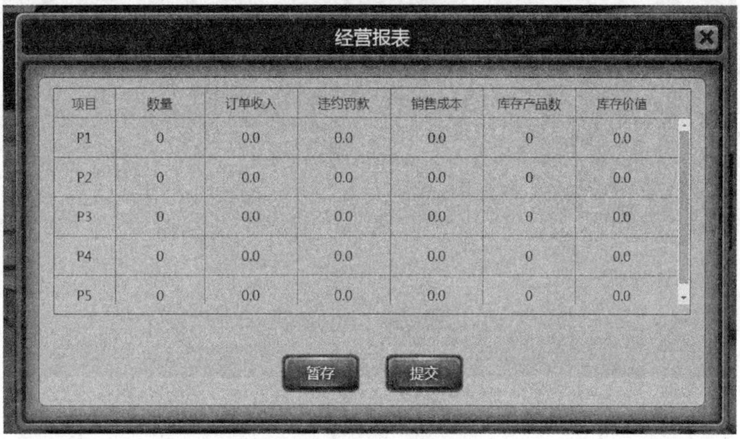

经营报表

项目	数量	订单收入	违约罚款	销售成本	库存产品数	库存价值
P1	0	0.0	0.0	0.0	0	0.0
P2	0	0.0	0.0	0.0	0	0.0
P3	0	0.0	0.0	0.0	0	0.0
P4	0	0.0	0.0	0.0	0	0.0
P5	0	0.0	0.0	0.0	0	0.0

暂存 提交

图 6.187　销售总监填写报表

暂存：暂时存档，不提交到财务处。

提交：将数据提交到财务处。

生产总监（见图 6.188）：

图 6.188　生产总监填写报表

暂存：暂时存档，不提交到财务处。

提交：将数据提交到财务处。

财务总监（见图 6.189）：

图 6.189　财务总监填写报表

暂存：暂时存档，不提交到财务处。

提交：将数据提交到财务处。

报表上报：

当所有职位将报表填制完毕并确认无误后，财务人员可点击【报表上报】按钮，打开【报表上报】界面。如图 6.190 所示。

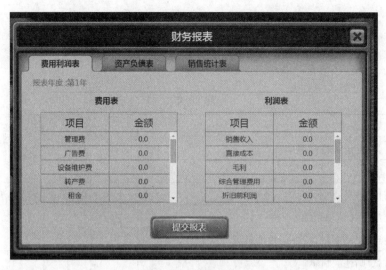

图 6.190 报表上报

财务人员确认无误后，点击【提交报表】，二次确认后，上交报表。

年度经营结果查询：

各岗位点击自己办公室内的【查看年度经营结果】按钮，弹出如图 6.191 所示界面。此界面显示本组的利润、权益、分数及排名情况。

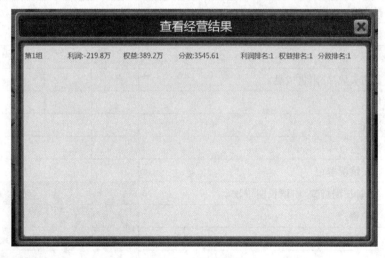

图 6.191 经营结果

附录 A 企业经营过程记录表

起 始 年

新年度规划会议				
参加订货会/登记销售订单				
制订新年度计划				
支付应付税				
季初现金盘点（请填余额）				
更新短期贷款/还本付息/申请短期贷款（高利贷）				
更新应付款/归还应付款				
原材料入库/更新原材料订单				
下原材料订单				
更新生产/完工入库				
投资新生产线/变卖生产线/生产线转产				
向其他企业购买原材料/出售原材料				
开始下一批生产				
更新应收款/应收款收现				
出售厂房				
向其他企业购买成品/出售成品				
按订单交货				
产品研发投资				
支付行政管理费				
其他现金收支情况登记				
支付利息/更新长期贷款/申请长期贷款				
支付设备维护费				
支付租金/购买厂房				
计提折旧				（　）
新市场开拓/ISO 资格认证投资				
结账				
现金收入合计				
现金支出合计				
期末现金对账（请填余额）				

订单登记表

订单号										合计
市场										
产品										
数量										
账期										
销售额										
成本										
毛利										
未售										

产品核算统计表

	P1	P2	P3	P4	合计
数量					
销售额					
成本					
毛利					

综合管理费用明细表　　　　　　　　　　　单位：百万元

项　目	金　额	备　注
管理费		
广告费		
保养费		
租　金		
转产费		
市场准入开拓		□区域　□国内　□亚洲　□国际
ISO 资格认证		□ISO9000　　□1SO14000
产品研发		P2 (　　)　　P3 (　　)　　P4 (　　)
其　他		
合　计		

利 润 表

编制单位：　　　　　　　　　　年　月　　　　　　　　　　单位：百万元

项目	本期金额	上期金额
一、营业收入		
减：营业成本		
营业税金及附加		
销售费用		
管理费用		
财务费用		
资产减值损失		
加：公允价值变动收益（损失以"–"号填列）		
投资收益（损失以"–"号填列）		
其中：对联营企业和合营企业的投资收益		
二、营业利润（亏损以"–"号填列）		
加：营业外收入		
减：营业外支出		
其中：非流动资产处置损失		
三、利润总额（亏损总额以"–"号填列）		
减：所得税费用		
四、净利润（净亏损以"–"号填列）		
五、每股收益：		
（一）基本每股收益		
（二）稀释每股收益		

附录 A 企业经营过程记录表

资产负债表

编制单位：　　　　　　　　年　月　日　　　　　　单位：百万元

资产	期末余额	年初余额	负债和所有者权益（或股东权益）	期末余额	年初余额
流动资产：			流动负债：		
货币资金			短期借款		
交易性金融资产			交易性金融负债		
应收票据			应付票据		
应收账款			应付账款		
预付款项			预收款项		
应收利息			应付职工薪酬		
应收股利			应交税费		
其他应收款			应付利息		
存货			应付股利		
一年内到期的非流动资产			其他应付款		
其他流动资产			一年内到期的非流动负债		
流动资产合计			其他流动负债		
非流动资产：			流动负债合计		
可供出售金融资产			非流动负债：		
持有至到期投资			长期借款		
长期应收款			应付债券		
长期股权投资			长期应付款		
投资性房地产			专项应付款		
固定资产			预计负债		
在建工程			递延所得税负债		
工程物资			其他非流动负债		
固定资产清理			非流动负债合计		
生产性生物资产			负债合计		
油气资产			所有者权益(或股东权益)：		
无形资产			实收资本（或股本）		
开发支出			资本公积		
商誉			减：库存股		
长期待摊费用			盈余公积		
递延所得税资产			未分配利润		
其他非流动资产			所有者权益(或股东权益)合计		
非流动资产合计					
资产总计			负债和所有者权益（或股东权益）总计		

第 一 年

新年度规划会议			
参加订货会/登记销售订单			
制订新年度计划			
支付应付税			
季初现金盘点（请填余额）			
更新短期贷款/还本付息/申请短期贷款（高利贷）			
更新应付款/归还应付款			
原材料入库/更新原材料订单			
下原材料订单			
更新生产/完工入库			
投资新生产线/变卖生产线/生产线转产			
向其他企业购买原材料/出售原材料			
开始下一批生产			
更新应收款/应收款收现			
出售厂房			
向其他企业购买成品/出售成品			
按订单交货			
产品研发投资			
支付行政管理费			
其他现金收支情况登记			
支付利息/更新长期贷款/申请长期贷款			
支付设备维护费			
支付租金/购买厂房			
计提折旧			（　）
新市场开拓/ISO 资格认证投资			
结账			
现金收入合计			
现金支出合计			
期末现金对账（请填余额）			

现金预算表

	第一季度	第二季度	第三季度	第四季度
期初库存现金				
应收账款到期				
现金销售收入				
贷款收入				
其他收入				
收入合计				
支付上年应交税				
市场广告投入				
贴现费用				
短期贷款利息				
支付到期短期贷款				
原材料采购支付现金				
产品生产支出				
转产费用				
生产线投资				
行政管理费				
产品研发投资				
其他支出				
长期贷款利息				
支付到期长期贷款				
设备维护费用				
租金				
购买厂房				
市场开拓投资				
ISO 认证投资				
支出合计				
库存现金余额				

要点记录：

第一季度：_____ 第二季度：_____

第三季度：_____ 第四季度：_____

订单登记表

订单号									合计
市场									
产品									
数量									
账期									
销售额									
成本									
毛利									
未售									

产品核算统计表

	P1	P2	P3	P4	合计
数量					
销售额					
成本					
毛利					

综合管理费用明细表　　　　　　　　　　单位：百万元

项　目	金　额	备　注
管理费		
广告费		
保养费		
租　金		
转产费		
市场准入开拓		□区域　□国内　□亚洲　□国际
ISO 资格认证		□ISO9000　　□1SO14000
产品研发		P2（　　　）　P3（　　　）　P4（　　　）
其　他		
合　计		

利 润 表

编制单位：　　　　　　　　　　年　　月　　　　　　　　　　单位：百万元

项目	本期金额	上期金额
一、营业收入		
减：营业成本		
营业税金及附加		
销售费用		
管理费用		
财务费用		
资产减值损失		
加：公允价值变动收益（损失以"–"号填列）		
投资收益（损失以"–"号填列）		
其中：对联营企业和合营企业的投资收益		
二、营业利润（亏损以"–"号填列）		
加：营业外收入		
减：营业外支出		
其中：非流动资产处置损失		
三、利润总额（亏损总额以"–"号填列）		
减：所得税费用		
四、净利润（净亏损以"–"号填列）		
五、每股收益：		
（一）基本每股收益		
（二）稀释每股收益		

资产负债表

编制单位：　　　　　　　　　　　年　月　日　　　　　　　　　　单位：百万元

资产	期末余额	年初余额	负债和所有者权益（或股东权益）	期末余额	年初余额
流动资产：			流动负债：		
货币资金			短期借款		
交易性金融资产			交易性金融负债		
应收票据			应付票据		
应收账款			应付账款		
预付款项			预收款项		
应收利息			应付职工薪酬		
应收股利			应交税费		
其他应收款			应付利息		
存货			应付股利		
一年内到期的非流动资产			其他应付款		
其他流动资产			一年内到期的非流动负债		
流动资产合计			其他流动负债		
非流动资产：			流动负债合计		
可供出售金融资产			非流动负债：		
持有至到期投资			长期借款		
长期应收款			应付债券		
长期股权投资			长期应付款		
投资性房地产			专项应付款		
固定资产			预计负债		
在建工程			递延所得税负债		
工程物资			其他非流动负债		
固定资产清理			非流动负债合计		
生产性生物资产			负债合计		
油气资产			所有者权益(或股东权益)：		
无形资产			实收资本（或股本）		
开发支出			资本公积		
商誉			减：库存股		
长期待摊费用			盈余公积		
递延所得税资产			未分配利润		
其他非流动资产			所有者权益(或股东权益)合计		
非流动资产合计					
资产总计			负债和所有者权益(或股东权益)总计		

第 二 年

新年度规划会议			
参加订货会/登记销售订单			
制订新年度计划			
支付应付税			
季初现金盘点（请填余额）			
更新短期贷款/还本付息/申请短期贷款（高利贷）			
更新应付款/归还应付款			
原材料入库/更新原材料订单			
下原材料订单			
更新生产/完工入库			
投资新生产线/变卖生产线/生产线转产			
向其他企业购买原材料/出售原材料			
开始下一批生产			
更新应收款/应收款收现			
出售厂房			
向其他企业购买成品/出售成品			
按订单交货			
产品研发投资			
支付行政管理费			
其他现金收支情况登记			
支付利息/更新长期贷款/申请长期贷款			
支付设备维护费			
支付租金/购买厂房			
计提折旧			（ ）
新市场开拓/ISO 资格认证投资			
结账			
现金收入合计			
现金支出合计			
期末现金对账（请填余额）			

现金预算表

	第一季度	第二季度	第三季度	第四季度
期初库存现金				
应收账款到期				
现金销售收入				
贷款收入				
其他收入				
收入合计				
支付上年应交税				
市场广告投入				
贴现费用				
短期贷款利息				
支付到期短期贷款				
原材料采购支付现金				
产品生产支出				
转产费用				
生产线投资				
行政管理费				
产品研发投资				
其他支出				
长期贷款利息				
支付到期长期贷款				
设备维护费用				
租金				
购买厂房				
市场开拓投资				
ISO 认证投资				
支出合计				
库存现金余额				

要点记录：

第一季度：＿＿＿＿＿＿＿＿＿＿＿＿＿　　第二季度：＿＿＿＿＿＿＿＿＿＿＿＿＿

第三季度：＿＿＿＿＿＿＿＿＿＿＿＿＿　　第四季度：＿＿＿＿＿＿＿＿＿＿＿＿＿

订单登记表

订单号										合计
市场										
产品										
数量										
账期										
销售额										
成本										
毛利										
未售										

产品核算统计表

	P1	P2	P3	P4	合计
数量					
销售额					
成本					
毛利					

综合管理费用明细表　　　　　　单位：百万元

项　目	金　额	备　　注
管理费		
广告费		
保养费		
租　金		
转产费		
市场准入开拓		□区域　□国内　□亚洲　□国际
ISO 资格认证		□ISO9000　　　□1SO14000
产品研发		P2（　　）　P3（　　）　P4（　　）
其　他		
合　计		

利 润 表

编制单位：　　　　　　　　　　　　年　月　　　　　　　　　　单位：百万元

项目	本期金额	上期金额
一、营业收入		
减：营业成本		
营业税金及附加		
销售费用		
管理费用		
财务费用		
资产减值损失		
加：公允价值变动收益（损失以"–"号填列）		
投资收益（损失以"–"号填列）		
其中：对联营企业和合营企业的投资收益		
二、营业利润（亏损以"–"号填列）		
加：营业外收入		
减：营业外支出		
其中：非流动资产处置损失		
三、利润总额（亏损总额以"–"号填列）		
减：所得税费用		
四、净利润（净亏损以"–"号填列）		
五、每股收益：		
（一）基本每股收益		
（二）稀释每股收益		

附录 A 企业经营过程记录表

资产负债表

编制单位：　　　　　　　　　年 月 日　　　　　　　　　单位：百万元

资产	期末余额	年初余额	负债和所有者权益（或股东权益）	期末余额	年初余额
流动资产：			流动负债：		
货币资金			短期借款		
交易性金融资产			交易性金融负债		
应收票据			应付票据		
应收账款			应付账款		
预付款项			预收款项		
应收利息			应付职工薪酬		
应收股利			应交税费		
其他应收款			应付利息		
存货			应付股利		
一年内到期的非流动资产			其他应付款		
其他流动资产			一年内到期的非流动负债		
流动资产合计			其他流动负债		
非流动资产：			流动负债合计		
可供出售金融资产			非流动负债：		
持有至到期投资			长期借款		
长期应收款			应付债券		
长期股权投资			长期应付款		
投资性房地产			专项应付款		
固定资产			预计负债		
在建工程			递延所得税负债		
工程物资			其他非流动负债		
固定资产清理			非流动负债合计		
生产性生物资产			负债合计		
油气资产			所有者权益(或股东权益)：		
无形资产			实收资本 （或股本）		
开发支出			资本公积		
商誉			减：库存股		
长期待摊费用			盈余公积		
递延所得税资产			未分配利润		
其他非流动资产			所有者权益(或股东权益)合计		
非流动资产合计					
资产总计			负债和所有者权益（或股东权益)总计		

第 三 年

项目			
新年度规划会议			
参加订货会/登记销售订单			
制订新年度计划			
支付应付税			
季初现金盘点（请填余额）			
更新短期贷款/还本付息/申请短期贷款（高利贷）			
更新应付款/归还应付款			
原材料入库/更新原材料订单			
下原材料订单			
更新生产/完工入库			
投资新生产线/变卖生产线/生产线转产			
向其他企业购买原材料/出售原材料			
开始下一批生产			
更新应收款/应收款收现			
出售厂房			
向其他企业购买成品/出售成品			
按订单交货			
产品研发投资			
支付行政管理费			
其他现金收支情况登记			
支付利息/更新长期贷款/申请长期贷款			
支付设备维护费			
支付租金/购买厂房			
计提折旧			（ ）
新市场开拓/ISO 资格认证投资			
结账			
现金收入合计			
现金支出合计			
期末现金对账（请填余额）			

现金预算表

	第一季度	第二季度	第三季度	第四季度
期初库存现金				
应收账款到期				
现金销售收入				
贷款收入				
其他收入				
收入合计				
支付上年应交税				
市场广告投入				
贴现费用				
短期贷款利息				
支付到期短期贷款				
原材料采购支付现金				
产品生产支出				
转产费用				
生产线投资				
行政管理费				
产品研发投资				
其他支出				
长期贷款利息				
支付到期长期贷款				
设备维护费用				
租金				
购买厂房				
市场开拓投资				
ISO 认证投资				
支出合计				
库存现金余额				

要点记录：

第一季度：_____   第二季度：_____

第三季度：_____   第四季度：_____

订单登记表

订单号										合计
市场										
产品										
数量										
账期										
销售额										
成本										
毛利										
未售										

产品核算统计表

	P1	P2	P3	P4	合计
数量					
销售额					
成本					
毛利					

综合管理费用明细表　　　　　　　　单位：百万元

项　目	金　额	备　　注
管理费		
广告费		
保养费		
租　金		
转产费		
市场准入开拓		□区域　□国内　□亚洲　□国际
ISO 资格认证		□ISO9000　　□1SO14000
产品研发		P2（　　）　P3（　　）　P4（　　）
其　他		
合　计		

利 润 表

编制单位：　　　　　　　　　　年　月　　　　　　　　　　单位：百万元

项目	本期金额	上期金额
一、营业收入		
减：营业成本		
营业税金及附加		
销售费用		
管理费用		
财务费用		
资产减值损失		
加：公允价值变动收益（损失以"–"号填列）		
投资收益（损失以"–"号填列）		
其中：对联营企业和合营企业的投资收益		
二、营业利润（亏损以"–"号填列）		
加：营业外收入		
减：营业外支出		
其中：非流动资产处置损失		
三、利润总额（亏损总额以"–"号填列）		
减：所得税费用		
四、净利润（净亏损以"–"号填列）		
五、每股收益：		
（一）基本每股收益		
（二）稀释每股收益		

资产负债表

编制单位：　　　　　　　　　年　月　日　　　　　　　　单位：百万元

资产	期末余额	年初余额	负债和所有者权益（或股东权益）	期末余额	年初余额
流动资产：			流动负债：		
货币资金			短期借款		
交易性金融资产			交易性金融负债		
应收票据			应付票据		
应收账款			应付账款		
预付款项			预收款项		
应收利息			应付职工薪酬		
应收股利			应交税费		
其他应收款			应付利息		
存货			应付股利		
一年内到期的非流动资产			其他应付款		
其他流动资产			一年内到期的非流动负债		
流动资产合计			其他流动负债		
非流动资产：			流动负债合计		
可供出售金融资产			非流动负债：		
持有至到期投资			长期借款		
长期应收款			应付债券		
长期股权投资			长期应付款		
投资性房地产			专项应付款		
固定资产			预计负债		
在建工程			递延所得税负债		
工程物资			其他非流动负债		
固定资产清理			非流动负债合计		
生产性生物资产			负债合计		
油气资产			所有者权益（或股东权益）：		
无形资产			实收资本（或股本）		
开发支出			资本公积		
商誉			减：库存股		
长期待摊费用			盈余公积		
递延所得税资产			未分配利润		
其他非流动资产			所有者权益（或股东权益）合计		
非流动资产合计					
资产总计			负债和所有者权益（或股东权益）总计		

第 四 年

新年度规划会议				
参加订货会/登记销售订单				
制订新年度计划				
支付应付税				
季初现金盘点（请填余额）				
更新短期贷款/还本付息/申请短期贷款（高利贷）				
更新应付款/归还应付款				
原材料入库/更新原材料订单				
下原材料订单				
更新生产/完工入库				
投资新生产线/变卖生产线/生产线转产				
向其他企业购买原材料/出售原材料				
开始下一批生产				
更新应收款/应收款收现				
出售厂房				
向其他企业购买成品/出售成品				
按订单交货				
产品研发投资				
支付行政管理费				
其他现金收支情况登记				
支付利息/更新长期贷款/申请长期贷款				
支付设备维护费				
支付租金/购买厂房				
计提折旧				（　）
新市场开拓/ISO 资格认证投资				
结账				
现金收入合计				
现金支出合计				
期末现金对账（请填余额）				

现金预算表

	第一季度	第二季度	第三季度	第四季度
期初库存现金				
应收账款到期				
现金销售收入				
贷款收入				
其他收入				
收入合计				
支付上年应交税				
市场广告投入				
贴现费用				
短期贷款利息				
支付到期短期贷款				
原材料采购支付现金				
产品生产支出				
转产费用				
生产线投资				
行政管理费				
产品研发投资				
其他支出				
长期贷款利息				
支付到期长期贷款				
设备维护费用				
租金				
购买厂房				
市场开拓投资				
ISO 认证投资				
支出合计				
库存现金余额				

要点记录:

第一季度: _____   第二季度: _____

第三季度: _____   第四季度: _____

附录 A 企业经营过程记录表

订单登记表

订单号										合计
市场										
产品										
数量										
账期										
销售额										
成本										
毛利										
未售										

产品核算统计表

	P1	P2	P3	P4	合计
数量					
销售额					
成本					
毛利					

综合管理费用明细表　　　　　　　　　　单位：百万元

项　目	金　额	备　注
管理费		
广告费		
保养费		
租　金		
转产费		
市场准入开拓		□区域　□国内　□亚洲　□国际
ISO 资格认证		□ISO9000　　□1SO14000
产品研发		P2（　　）　P3（　　）　P4（　　）
其　他		
合　计		

利 润 表

编制单位：　　　　　　　　　　　　　年　月　　　　　　　　　单位：百万元

项目	本期金额	上期金额
一、营业收入		
减：营业成本		
营业税金及附加		
销售费用		
管理费用		
财务费用		
资产减值损失		
加：公允价值变动收益（损失以"–"号填列）		
投资收益（损失以"–"号填列）		
其中：对联营企业和合营企业的投资收益		
二、营业利润（亏损以"–"号填列）		
加：营业外收入		
减：营业外支出		
其中：非流动资产处置损失		
三、利润总额（亏损总额以"–"号填列）		
减：所得税费用		
四、净利润（净亏损以"–"号填列）		
五、每股收益：		
（一）基本每股收益		
（二）稀释每股收益		

附录 A　企业经营过程记录表

资产负债表

编制单位：　　　　　　　　　　　年　月　日　　　　　　　　　　单位：百万元

资产	期末余额	年初余额	负债和所有者权益（或股东权益）	期末余额	年初余额
流动资产：			流动负债：		
货币资金			短期借款		
交易性金融资产			交易性金融负债		
应收票据			应付票据		
应收账款			应付账款		
预付款项			预收款项		
应收利息			应付职工薪酬		
应收股利			应交税费		
其他应收款			应付利息		
存货			应付股利		
一年内到期的非流动资产			其他应付款		
其他流动资产			一年内到期的非流动负债		
流动资产合计			其他流动负债		
非流动资产：			流动负债合计		
可供出售金融资产			非流动负债：		
持有至到期投资			长期借款		
长期应收款			应付债券		
长期股权投资			长期应付款		
投资性房地产			专项应付款		
固定资产			预计负债		
在建工程			递延所得税负债		
工程物资			其他非流动负债		
固定资产清理			非流动负债合计		
生产性生物资产			负债合计		
油气资产			所有者权益(或股东权益)：		
无形资产			实收资本（或股本）		
开发支出			资本公积		
商誉			减：库存股		
长期待摊费用			盈余公积		
递延所得税资产			未分配利润		
其他非流动资产			所有者权益(或股东权益)合计		
非流动资产合计					
资产总计			负债和所有者权益（或股东权益）总计		

第 五 年

新年度规划会议			
参加订货会/登记销售订单			
制订新年度计划			
支付应付税			
季初现金盘点（请填余额）			
更新短期贷款/还本付息/申请短期贷款（高利贷）			
更新应付款/归还应付款			
原材料入库/更新原材料订单			
下原材料订单			
更新生产/完工入库			
投资新生产线/变卖生产线/生产线转产			
向其他企业购买原材料/出售原材料			
开始下一批生产			
更新应收款/应收款收现			
出售厂房			
向其他企业购买成品/出售成品			
按订单交货			
产品研发投资			
支付行政管理费			
其他现金收支情况登记			
支付利息/更新长期贷款/申请长期贷款			
支付设备维护费			
支付租金/购买厂房			
计提折旧			（ ）
新市场开拓/ISO 资格认证投资			
结账			
现金收入合计			
现金支出合计			
期末现金对账（请填余额）			

现金预算表

	第一季度	第二季度	第三季度	第四季度
期初库存现金				
应收账款到期				
现金销售收入				
贷款收入				
其他收入				
收入合计				
支付上年应交税				
市场广告投入				
贴现费用				
短期贷款利息				
支付到期短期贷款				
原材料采购支付现金				
产品生产支出				
转产费用				
生产线投资				
行政管理费				
产品研发投资				
其他支出				
长期贷款利息				
支付到期长期贷款				
设备维护费用				
租金				
购买厂房				
市场开拓投资				
ISO 认证投资				
支出合计				
库存现金余额				

要点记录：

第一季度：_____　　第二季度：_____

第三季度：_____　　第四季度：_____

订单登记表

订单号										合计
市场										
产品										
数量										
账期										
销售额										
成本										
毛利										
未售										

产品核算统计表

	P1	P2	P3	P4	合计
数量					
销售额					
成本					
毛利					

综合管理费用明细表　　　　　　　　　　单位：百万元

项　目	金　额	备　　　注
管理费		
广告费		
保养费		
租　金		
转产费		
市场准入开拓		□区域　□国内　□亚洲　□国际
ISO 资格认证		□ISO9000　　　□1SO14000
产品研发		P2（　　）　P3（　　）　P4（　　）
其　他		
合　计		

附录 A 企业经营过程记录表

利 润 表

编制单位：　　　　　　　　　　年　月　　　　　　　　单位：百万元

项目	本期金额	上期金额
一、营业收入		
减：营业成本		
营业税金及附加		
销售费用		
管理费用		
财务费用		
资产减值损失		
加：公允价值变动收益（损失以"–"号填列）		
投资收益（损失以"–"号填列）		
其中：对联营企业和合营企业的投资收益		
二、营业利润（亏损以"–"号填列）		
加：营业外收入		
减：营业外支出		
其中：非流动资产处置损失		
三、利润总额（亏损总额以"–"号填列）		
减：所得税费用		
四、净利润（净亏损以"–"号填列）		
五、每股收益：		
（一）基本每股收益		
（二）稀释每股收益		

资产负债表

编制单位：　　　　　　　　　　年　月　日　　　　　　　　　　单位：百万元

资产	期末余额	年初余额	负债和所有者权益（或股东权益）	期末余额	年初余额
流动资产：			流动负债：		
货币资金			短期借款		
交易性金融资产			交易性金融负债		
应收票据			应付票据		
应收账款			应付账款		
预付款项			预收款项		
应收利息			应付职工薪酬		
应收股利			应交税费		
其他应收款			应付利息		
存货			应付股利		
一年内到期的非流动资产			其他应付款		
其他流动资产			一年内到期的非流动负债		
流动资产合计			其他流动负债		
非流动资产：			流动负债合计		
可供出售金融资产			非流动负债：		
持有至到期投资			长期借款		
长期应收款			应付债券		
长期股权投资			长期应付款		
投资性房地产			专项应付款		
固定资产			预计负债		
在建工程			递延所得税负债		
工程物资			其他非流动负债		
固定资产清理			非流动负债合计		
生产性生物资产			负债合计		
油气资产			所有者权益(或股东权益)：		
无形资产			实收资本（或股本）		
开发支出			资本公积		
商誉			减：库存股		
长期待摊费用			盈余公积		
递延所得税资产			未分配利润		
其他非流动资产			所有者权益（或股东权益)合计		
非流动资产合计					
资产总计			负债和所有者权益（或股东权益）总计		

第 六 年

项目				
新年度规划会议				
参加订货会/登记销售订单				
制订新年度计划				
支付应付税				
季初现金盘点（请填余额）				
更新短期贷款/还本付息/申请短期贷款（高利贷）				
更新应付款/归还应付款				
原材料入库/更新原材料订单				
下原材料订单				
更新生产/完工入库				
投资新生产线/变卖生产线/生产线转产				
向其他企业购买原材料/出售原材料				
开始下一批生产				
更新应收款/应收款收现				
出售厂房				
向其他企业购买成品/出售成品				
按订单交货				
产品研发投资				
支付行政管理费				
其他现金收支情况登记				
支付利息/更新长期贷款/申请长期贷款				
支付设备维护费				
支付租金/购买厂房				
计提折旧				（　）
新市场开拓/ISO 资格认证投资				
结账				
现金收入合计				
现金支出合计				
期末现金对账（请填余额）				

现金预算表

	第一季度	第二季度	第三季度	第四季度
期初库存现金				
应收账款到期				
现金销售收入				
贷款收入				
其他收入				
收入合计				
支付上年应交税				
市场广告投入				
贴现费用				
短期贷款利息				
支付到期短期贷款				
原材料采购支付现金				
产品生产支出				
转产费用				
生产线投资				
行政管理费				
产品研发投资				
其他支出				
长期贷款利息				
支付到期长期贷款				
设备维护费用				
租金				
购买厂房				
市场开拓投资				
ISO 认证投资				
支出合计				
库存现金余额				

要点记录:

第一季度: _____   第二季度: _____

第三季度: _____   第四季度: _____

订单登记表

订单号									合计
市场									
产品									
数量									
账期									
销售额									
成本									
毛利									
未售									

产品核算统计表

	P1	P2	P3	P4	合计
数量					
销售额					
成本					
毛利					

综合管理费用明细表　　　　　　　　　　单位：百万元

项 目	金 额	备 注
管理费		
广告费		
保养费		
租 金		
转产费		
市场准入开拓		□区域　□国内　□亚洲　□国际
ISO 资格认证		□ISO9000　　□1SO14000
产品研发		P2（　　）　P3（　　）　P4（　　）
其 他		
合 计		

利 润 表

编制单位：　　　　　　　　　　年　月　　　　　　　　　单位：百万元

项目	本期金额	上期金额
一、营业收入		
减：营业成本		
营业税金及附加		
销售费用		
管理费用		
财务费用		
资产减值损失		
加：公允价值变动收益（损失以"−"号填列）		
投资收益（损失以"−"号填列）		
其中：对联营企业和合营企业的投资收益		
二、营业利润（亏损以"−"号填列）		
加：营业外收入		
减：营业外支出		
其中：非流动资产处置损失		
三、利润总额（亏损总额以"−"号填列）		
减：所得税费用		
四、净利润（净亏损以"−"号填列）		
五、每股收益：		
（一）基本每股收益		
（二）稀释每股收益		

资产负债表

编制单位：　　　　　　　　年　月　日　　　　　　　　单位：百万元

资产	期末余额	年初余额	负债和所有者权益 （或股东权益）	期末余额	年初余额
流动资产：			流动负债：		
货币资金			短期借款		
交易性金融资产			交易性金融负债		
应收票据			应付票据		
应收账款			应付账款		
预付款项			预收款项		
应收利息			应付职工薪酬		
应收股利			应交税费		
其他应收款			应付利息		
存货			应付股利		
一年内到期的非流动资产			其他应付款		
其他流动资产			一年内到期的非流动负债		
流动资产合计			其他流动负债		
非流动资产：			流动负债合计		
可供出售金融资产			非流动负债：		
持有至到期投资			长期借款		
长期应收款			应付债券		
长期股权投资			长期应付款		
投资性房地产			专项应付款		
固定资产			预计负债		
在建工程			递延所得税负债		
工程物资			其他非流动负债		
固定资产清理			非流动负债合计		
生产性生物资产			负债合计		
油气资产			所有者权益(或股东权益)：		
无形资产			实收资本 （或股本）		
开发支出			资本公积		
商誉			减：库存股		
长期待摊费用			盈余公积		
递延所得税资产			未分配利润		
其他非流动资产			所有者权益（或股东权益)合计		
非流动资产合计					
资产总计			负债和所有者权益（或股东权益)总计		

附录 B 生产计划及采购计划

生产计划及采购计划编制举例

生产线		第一年				第二年				第三年			
		第一季度	第二季度	第三季度	第四季度	第一季度	第二季度	第三季度	第四季度	第一季度	第二季度	第三季度	第四季度
1 手工	产品			P1									
	材料		R1										
2 手工	产品			P1		P1							
	材料	R1			R1								
3 手工	产品		P1		P1								
	材料	R1											
4 半自动	产品		P1		P1							P2	P2
	材料	R1											
5	产品												
	材料												
……	产品												
	材料												
合计	产品	1P1	2P1	1P1	2P1								
	材料	2R1	1R1	1R1									

生产计划及采购计划编制（1~3年）

生产线		第一年				第二年				第三年			
		第一季度	第二季度	第三季度	第四季度	第一季度	第二季度	第三季度	第四季度	第一季度	第二季度	第三季度	第四季度
1	产品												
	材料												
2	产品												
	材料												
3	产品												
	材料												
4	产品												
	材料												
5	产品												
	材料												
6	产品												
	材料												
7	产品												
	材料												
8	产品												
	材料												
合计	产品												
	材料												

生产计划及采购计划编制（4～6年）

生产线		第四年				第五年				第六年			
		第一季度	第二季度	第三季度	第四季度	第一季度	第二季度	第三季度	第四季度	第一季度	第二季度	第三季度	第四季度
1	产品												
	材料												
2	产品												
	材料												
3	产品												
	材料												
4	产品												
	材料												
5	产品												
	材料												
6	产品												
	材料												
7	产品												
	材料												
8	产品												
	材料												
合计	产品												
	材料												

附录 C　市场预测表

　　本地市场将会持续发展，对低端产品的需求可能要下滑。伴随着需求的减少，低端产品的价格很有可能走低。后几年，随着高端产品的成熟，市场对 P3、P4 产品的需求将会逐渐增大。由于客户的质量意识不断提高，后几年可能对产品的 ISO9000 认证和 ISO14000 认证有更多的需求。

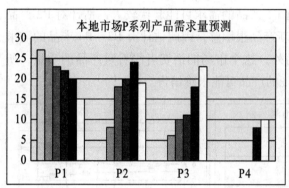

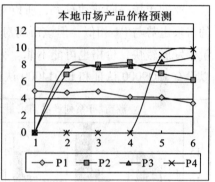

　　区域市场的客户相对稳定，对 P 系列产品需求的变化很有可能比较平稳。因紧邻本地市场，所以产品需求量的走势可能与本地市场相似，价格趋势也应大致一样。该市场容量有限，对高端产品的需求也可能相对较小，但客户会对产品的 ISO9000 认证和 ISO14000 认证有较高的要求。

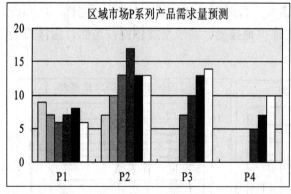

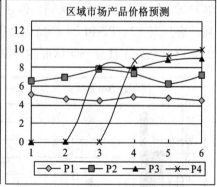

　　因 P1 产品带有较浓的地域色彩，估计国内市场对 P1 产品不会有持久的需求。但 P2 产品因更适合于国内市场，估计需求一直比较平稳。随着客户对 P 系列产品的逐渐认同，估计对 P3 产品的需求会发展较快，但对 P4 产品的的需求就不一定像 P3 产品那样旺盛了。当然，对高价值的产品来说，客户一定会更注重产品的质量认证。

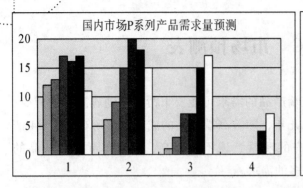

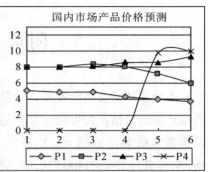

亚洲市场一向波动较大，所以对 P1 产品的需求可能起伏较大，估计对 P2 产品的需求走势与 P1 相似。但该市场对新产品很敏感，因此估计对 P3、P4 产品的需求量会发展较快，价格也可能不菲。另外，这个市场的消费者很看重产品的质量，所以没有 ISO9000 认证和 ISO14000 认证的产品可能很难销售。

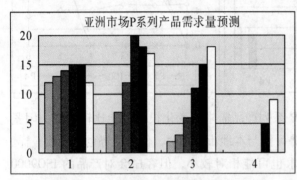

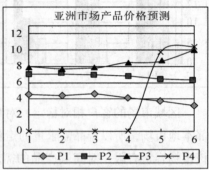

P 系列产品进入国际市场可能需要一个较长的时期。有迹象表明，国际市场的客户对 P1 产品已经有所认同，但还需要一段时间才能接受 P1 产品。同样，国际市场的客户对 P2、P3 和 P4 产品也会很谨慎地接受，需求发展较慢。当然，国际市场的客户也会关注具有 ISO 认证的产品。

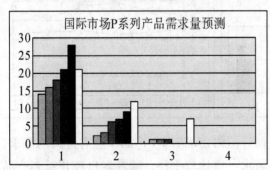

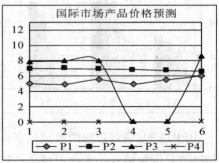

附录 D　企业监控表单（D1—D5）

表 D1　公司采购登记表

第一年	第一季度				第二季度				第三季度				第四季度			
原材料	R1	R2	R3	R4	R1	R2	R3	R4	R1	R2	R3	R4	R1	R2	R3	R4
订购数量																
采购入库																
第二年	第一季度				第二季度				第三季度				第四季度			
原材料	R1	R2	R3	R4	R1	R2	R3	R4	R1	R2	R3	R4	R1	R2	R3	R4
订购数量																
采购入库																
第三年	第一季度				第二季度				第三季度				第四季度			
原材料	R1	R2	R3	R4	R1	R2	R3	R4	R1	R2	R3	R4	R1	R2	R3	R4
订购数量																
采购入库																
第四年	第一季度				第二季度				第三季度				第四季度			
原材料	R1	R2	R3	R4	R1	R2	R3	R4	R1	R2	R3	R4	R1	R2	R3	R4
订购数量																
采购入库																
第五年	第一季度				第二季度				第三季度				第四季度			
原材料	R1	R2	R3	R4	R1	R2	R3	R4	R1	R2	R3	R4	R1	R2	R3	R4
订购数量																
采购入库																
第六年	第一季度				第二季度				第三季度				第四季度			
原材料	R1	R2	R3	R4	R1	R2	R3	R4	R1	R2	R3	R4	R1	R2	R3	R4
订购数量																
采购入库																

表 D2　市场开发投入登记表

公司名称：

年度	区域市场 （1y）	国内市场 （2y）	亚洲市场 （3y）	国际市场 （4y）	完成	监督员 签字
第一年						
第二年						
第三年						
第四年						
第五年						
第六年						
总计						

产品开发登记表

年度	P2	P3	P4	总计	完成	监督员 签字
第一年						
第二年						
第三年						
第四年						
第五年						
第六年						
总计						

ISO 认证投资

年度	第一年	第二年	第三年	第四年	第五年	第六年
ISO9000						
ISO14000						
总计						
监督员签字						

附录 D 企业监控表单（D1—D5）

表 D3 应收账款登记表

公司	款类		第一年				第二年				第三年			
			1	2	3	4	1	2	3	4	1	2	3	4
	应收期	1												
		2												
		3												
		4												
	到款													
	贴现													
	贴现费													

公司	款类		第四年				第五年				第六年			
			1	2	3	4	1	2	3	4	1	2	3	4
	应收期	1												
		2												
		3												
		4												
	到款													
	贴现													
	贴现费													

表 D4 产品（原材料）交易订单

购买单位		购买时间		年			季
销售单位		完工时间		年			季
		原材料			产品		
产品/原材料	R1	R2	R3	R4	P1	P2	P3	P4
成交数量								
成交金额								
付款方式								
购买人								
售货人								
审核人								

注：①完工时间必须小于购买时间，否则为无效交易；②本协议可以事先签订，但必须交双方监督员审核签字后生效；③如果没有双方监督人签字，视为无效交易；④无效交易按交易额扣除双方利润。

表 D5　公司贷款申请表

贷款类		第一年				第二年				第三年				第四年				第五年				第六年			
		1	2	3	4	1	2	3	4	1	2	3	4	1	2	3	4	1	2	3	4	1	2	3	4
短贷	借																								
	还																								
高利贷	借																								
	还																								
短贷余额																									
监督员签字																									
长贷	借																								
	还																								
长贷余额																									
上年权益																									
监督员签字																									

附录 E （　　）公司广告报价单

第一年本地				第二年本地				第三年本地				第四年本地				第五年本地				第六年本地			
产品	广告	9K	14K	产品	广告	9K	14K	产品	广告	9K	14K	产品	广告	9K	14K	产品	广告	9K	14K	产品	广告	9K	14K
P1				P1				P1				P1				P1				P1			
P2				P2				P2				P2				P2				P2			
P3				P3				P3				P3				P3				P3			
P4				P4				P4				P4				P4				P4			

第一年区域				第二年区域				第三年区域				第四年区域				第五年区域				第六年区域			
产品	广告	9K	14K	产品	广告	9K	14K	产品	广告	9K	14K	产品	广告	9K	14K	产品	广告	9K	14K	产品	广告	9K	14K
P1				P1				P1				P1				P1				P1			
P2				P2				P2				P2				P2				P2			
P3				P3				P3				P3				P3				P3			
P4				P4				P4				P4				P4				P4			

第一年国内				第二年国内				第三年国内				第四年国内				第五年国内				第六年国内			
产品	广告	9K	14K	产品	广告	9K	14K	产品	广告	9K	14K	产品	广告	9K	14K	产品	广告	9K	14K	产品	广告	9K	14K
P1				P1				P1				P1				P1				P1			
P2				P2				P2				P2				P2				P2			
P3				P3				P3				P3				P3				P3			
P4				P4				P4				P4				P4				P4			

附录 E （　　）公司广告报价单

第一年亚洲				第二年亚洲				第三年亚洲				第四年亚洲				第五年亚洲				第六年亚洲			
产品	广告	9K	14K	产品	广告	9K	14K	产品	广告	9K	14K	产品	广告	9K	14K	产品	广告	9K	14K	产品	广告	9K	14K
P1				P1				P1				P1				P1				P1			
P2				P2				P2				P2				P2				P2			
P3				P3				P3				P3				P3				P3			
P4				P4				P4				P4				P4				P4			

第一年国际				第二年国际				第三年国际				第四年国际				第五年国际				第六年国际			
产品	广告	9K	14K	产品	广告	9K	14K	产品	广告	9K	14K	产品	广告	9K	14K	产品	广告	9K	14K	产品	广告	9K	14K
P1				P1				P1				P1				P1				P1			
P2				P2				P2				P2				P2				P2			
P3				P3				P3				P3				P3				P3			
P4				P4				P4				P4				P4				P4			

附录 F ERP 沙盘模拟实训综合评分标准

用友公司为模拟实训设计了综合评分标准，规定以参加实训各企业的最后权益、生产能力、资源状态等进行综合评分，分数高者为胜。评分以最后年的权益数为基数，以企业综合发展潜力为加权系数计算而得。即

总成绩＝所有者权益×（1+企业综合发展潜力÷100）

企业综合发展潜力如下表所示。

企业综合发展潜力

序号	项目	综合发展潜力系数
01	大厂房	+15/每厂房
02	小厂房	+10/每厂房
03	手工生产线	+5/条
04	半自动生产线	+10/条
05	全自动/柔性线	+15/条
06	区域市场开发	+10
07	国内市场开发	+15
08	亚洲市场开发	+20
09	国际市场开发	+25
10	ISO9000	+10
11	ISO14000	+10
12	P2 产品开发	+10
13	P3 产品开发	+10
14	P4 产品开发	+15
15	本地市场地位	+15/最后一年市场第一
16	区域市场地位	+15/最后一年市场第一
17	国内市场地位	+15/最后一年市场第一
18	亚洲市场地位	+15/最后一年市场第一
19	国际市场地位	+15/最后一年市场第一
20	高利贷扣分	贷 10M 扣 5 分
21	其他扣分	

参考文献

［1］荆新，王化成，刘俊彦. 财务管理学［M］. 北京：中国人民大学出版社，2006.

［2］谢合明. 生产过程管理［M］. 重庆：重庆大学出版社，2004.

［3］吴健安. 市场营销学［M］. 2版. 北京：高等教育出版社，2004.

［4］王谊. 现代市场营销学［M］. 成都：西南财经大学出版社，2004.

［5］于富生，王俊生，黎文珠. 成本会计学［M］. 3版. 北京：中国人民大学出版社，2002.

［6］夏远强，叶剑明. 企业管理ERP沙盘模拟教程［M］. 北京：电子工业出版社，2007.

［7］张一驰. 人力资源管理教程［M］. 北京：北京大学出版社，2002.

［8］高市，柳荣，李玉明. ERP沙盘高级实训教程［M］. 北京：中国铁道出版社，2008.

［9］刘平. 用友ERP企业经营沙盘模拟实训手册［M］. 大连：东北财经大学出版社，2008.

［10］王新玲. ERP沙盘模拟高级指导教程［M］. 北京：清华大学出版社，2006.

［11］高市，王晓霜，宣胜瑾. ERP沙盘实战教程［M］. 大连：东北财经大学出版社，2008.

［12］于桂平，陈欣. ERP沙盘模拟对战实训教程［M］. 北京：北京理工大学出版社，2008.

［13］陈冰. ERP沙盘实战［M］. 北京：经济科学出版社，2006.

［14］用友软件股份有限公司培训教育事业部. 企业模拟经营系统前台操作说明.（内部资料）

［15］何晓岚. 商战实践平台指导教程［M］. 北京：清华大学出版社，2012.

［16］陈荣秋，马士华. 生产运作管理［M］. 北京：机械工业出版社，2006.

［17］曹中. 会计管理学［M］. 上海：立信会计出版社，2007.

［18］林祥友，曾廷敏. ERP 实物沙盘与电子沙盘的结合运行模式［J］. 财会月刊，2012（4）.

［19］王宇琛，用友 ERP 沙盘企业经营模拟战术分析［J］. 商业会计，2015（7）.

［20］张前，ERP 沙盘模拟对抗中的筹资与投资攻略［J］. 财会月刊，2013（20）.